hänssler

Elisabeth Elliot

Eine harte Liebe

Zwischen Reinheit und Leidenschaft

hänssler
Neuhausen-Stuttgart

CIP-Titelaufnahme der Deutschen Bibliothek

Elliot, Elisabeth:
Eine harte Liebe : zwischen Leidenschaft u. Keuschheit /
Elisabeth Elliot. [Übers. von Friedhilde Horn]. –
Neuhausen-Stuttgart : Hänssler, 1988
(TELOS-Bücher; 1603 : TELOS-Hardcover
Einheitssacht.: Passion and purity ‹dt.›
ISBN 3-7751-1304-5
NE: GT

TELOS-Hardcover
Bestell-Nr. 71 603

Published by Fleming H. Revell Company
Originaltitel: Passion and Purity
Übersetzt von Friedhilde Horn

Titelbild: The Image Bank, München
Umschlaggestaltung: Heide Schnorr v. Carolsfeld
Satz: Typo Schröder, Dernbach
Druck und buchbinderische Verarbeitung: St.-Johannis-Druckerei, Lahr
Die Bibelstellen werden, wo nicht anders angegeben, nach der revidierten Lutherübersetzung von 1984 zitiert.

Der einzige Platz
außerhalb des Himmels,
wo man absolut sicher ist
vor allen Gefahren und Unruhen der Liebe
ist die Hölle.

C.S. Lewis

Inhalt

Vorwort	9
Ich soll allein bleiben?	11
Denn Christus ist mein Leben	16
Verwirrung der Gefühle	19
Ein Mann, wie ich ihn mir wünsche	24
Wieviel Hingabe verlangt Gott?	29
Die Argumente der Schlange	32
Gottes Wille und meine Wünsche	35
Ich will dir den Weg zeigen	38
Sonne und Regen	41
Aber du gehörst mir nicht	44
Bohrender Schmerz	47
Im Wartezimmer Gottes	49
Die Opfer, die wir Gott bringen	53
Liebe und Ehre	56
Kleine Tode	58
Leben aus dem Tod	61
Wohin mit der Einsamkeit?	65
Was sich die Vorsehung einfallen läßt	69
Dein Wille geschehe	73
Selbstbetrug	77
Was Frauen Männern antun	82
Was Männer sich wünschen	87
Der Weg zur Herrlichkeit	91
Seine Kraft ist in den Schwachen mächtig	95
Endlich ein Brief	98
Eine Frage der Keuschheit	102
Wieviel verrät ein Kuß?	104
Das Prinzip der Liebe	107
Übermut und Reue	110
Ein Wiedersehen	113

Befiehl du deine Wege... 116
Vier nackte Beine 119
Gemeinsame Tage 123
Ungeduld 125
Tränen und Träume 127
Gott beim Wort nehmen 130
Vertraue mir 133
Vertauschte Prioritäten 137
Liebesbriefe 141
Unser Gott, auf den wir hofften 145
Von der Liebe zur Güte 149
Eine neue Schöpfung 155

Bibliographie 157

Vorwort

Dieses Buch entstand als Antwort auf viele ratsuchende Briefe, die Menschen mir schrieben.

Als Rahmenerzählung enthält es die fünfeinhalbjährige Geschichte der Liebe zu einem Mann – Jim. Sie schildert außerdem den Weg des Lernens und Sichübens in den Bereichen der Sehnsucht, der Einsamkeit, der Ungewißheit, der Hoffnung, des Vertrauens und der bedingungslosen Hingabe an Christus – einer Hingabe, die ohne Rücksicht auf unsere leidenschaftlichen Gefühle von Jim und mir verlangte, daß wir »rein« blieben.

Briefe, die ich in den letzten fünf oder zehn Jahren erhielt, werden darin zitiert, meine eigenen Tagebücher aus der Zeit von vor dreißig bis fünfunddreißig Jahren ebenfalls. Auch Briefe von Jim Elliot. Und schließlich werden noch einige Aussagen über Grundsätze gemacht, die in all dem Anwendung fanden.

Nach Gottes weisem Ratschluß habe ich selbst mehrmals die Gelegenheit gehabt, die Grundsätze, die ich in diesem Buch vertrete, selbst durchzudenken und zu praktizieren. Ich bin dreimal verheiratet gewesen: mit Jim Elliot, den später die Indianer im Dschungel Ecuadors umbrachten; mit Addison Leitch, der an Krebs starb; und mit Lars Gren, der sich zur Zeit noch guter Gesundheit erfreut. Die Ehe mit Lars besteht inzwischen sechs Jahre. Manchmal neckt er mich deswegen mit den Worten: »Ich bin der absolute Spitzenstar in diesem Rennen!« Möge er mich überleben!

Ich will hier nicht meine Geschichte mit allen drei Männern erzählen. Die Jahre mit Jim Elliot sollen genügen als Rahmen für das, was ich sagen möchte. Nachfolgend eine Zeittafel über diesen Abschnitt meines Lebens:

1947 Jim und ich sind Studenten am Wheaton College in Illinois. Weihnachten besucht Jim uns zu Hause in New Jersey.

1948 Jim gesteht mir seine Liebe – unmittelbar vor meinem Abschlußexamen.

1948 Sommer: Ich in Oklahoma, er unterwegs mit einem Missionstrupp. Keine Korrespondenz zwischen uns.
Herbst: Jim entschließt sich, mir zu schreiben, während ich in Kanada eine Bibelschule besuche.

1949 Jim macht sein Abschlußexamen und kehrt heim nach Portland. Ich arbeite in Alberta und besuche bei einer passenden Gelegenheit sein Zuhause.

1950 Jim lebt zu Hause. Er arbeitet, studiert und bereitet sich auf das Leben eines Missionars vor. Ich bin in Florida. Anläßlich der Hochzeit meines Bruders Dave Howard verbringen wir zwei Tage zusammen in Wheaton.

1951 Wir treffen uns erneut, da Jim in den Osten kommt, um in New York und New Jersey auf Missionskonferenzen zu sprechen.

1952 Februar: Jim segelt nach Ecuador. April: Ich segle nach Ecuador. Ich verbringe einige Monate in Quito, lebe dort in ecuadorianischen Familien, um durch dieses »Ins-Wasser-geworfen-Werden« Spanisch zu lernen.
August: Jim geht nach Shandia in die östlichen Dschungelgebiete, um unter den Quichua-Indianern zu arbeiten.
September: Ich gehe nach San Miguel in die westlichen Dschungelgebiete, um unter den Colorado-Indianern zu arbeiten.

1953 Januar: Wir treffen uns in Quito. Jim bittet mich, ihn zu heiraten. Die Verlobung wird bekanntgegeben.
Juni: Ich ziehe um nach Dos Rios im östlichen Dschungelgebiet, um die Quichua-Sprache zu lernen. Damit gehe ich auf die Bedingung seines Heiratsantrages ein: »Ich heirate dich nicht, bis du es gelernt hast.«
8. Oktober: Hochzeit in Quito.

1955 Unsere Tochter Valerie wird geboren.

1956 8. Januar: Jim wird von Auca-Speeren tödlich getroffen.

Ich soll allein bleiben?

Einen großartigen Ausblick bot das Fenster nicht gerade. Den Mittelpunkt des Bildes bildeten die Mülltonnen hinter dem Speisesaal. Die geschlossenen Fenster hielten aber weder das schreckliche Scheppern und das Geratter der morgendlichen Müllabfuhr ab noch die intensiven Gerüche des täglichen Kochens. Trotzdem war ich ganz aufgeregt vor Freude, als ich diesen kleinen Raum bekam. Es war ein Einzelzimmer, wie ich es mir schon immer gewünscht hatte, und als ich in die höheren Semester kam, durfte ich hier endlich einziehen. Ein Bett stand darin, ein Schreibtisch, ein Bücherschrank und in der Ecke beim Fenster ein sehr gerader, steifer Stuhl, daneben eine Lampe. Das war ein »Kämmerchen« zum Alleinsein und für die Stille; einen solchen Raum könnte Jesus gemeint haben, als er davon sprach, wir sollten im Verborgenen beten.

An diesem Tisch ging ich meinen Studien nach, und oft betete ich auch hier. Hinter den Mülltonnen standen Ahornbäume und eine alte Ulme. Oft wurde ich durch eine Schar von Eichhörnchen abgelenkt, die dort lebten. Sie flitzten hin und her – übermütig und geschäftig. Ich beobachtete, wie sie sich auf den Winter vorbereiteten, auf und ab hüpften, voller Hast Vorräte anschleppten, schimpften, schwatzten und mit ihren Schwänzen wedelten. Ich sah, wie die Ahornblätter sich verfärbten, zu Boden fielen und vom Regen auf die schwarze Fahrbahn geklatscht wurden. Und dann sah ich den Schnee fallen und Bäume und Mülltonnen bedecken.

Es fällt mir nicht schwer, mich im Geist auf den Stuhl an jenem Tisch zurückzuversetzen. Wenn ich heute an einem ganz anderen Tisch sitze und die Briefe verwirrter junger Menschen lese, werde ich unversehens wieder zu jenem Mädchen, das in den Schnee hinausstarrte. Was ich damals trug, unterschied sich nicht sonderlich von dem, was man heute anhat. Modestile wiederholen sich ungefähr alle fünfunddreißig Jahre. Ich hatte zwei Röcke, drei Pullover und ein paar Blusen, deren Zusammenstellung ich so gut ich konnte variierte, so daß es immer nach etwas Neuem aussah. Mittwochs hatte ich es am leichtesten. Da trugen alle aus den älteren Semestern den gleichen blauen Wollblazer mit dem College-Emblem auf der Brusttasche.

Mein Haar machte mir ziemlich zu schaffen. Es war blond und glatt, ohne auch nur eine Andeutung von Locken, und wuchs unbegreiflich schnell. Wie leicht wäre es gewesen, es einfach gerade herunterhängen zu lassen. Doch das war damals undenkbar. Und so hatte ich viel Arbeit, mir Locken aufzudrehen. Eine Dauerwelle konnte ich mir nur einmal im Jahr leisten, deshalb blieb mir nur der alte bewährte Brauch der Lockenwickler. Jeden Abend vor dem Schlafengehen war ich damit beschäftigt.

Ich konnte aus meinem Haar einfach nicht viel machen und aus meinem Gesicht noch weniger. Wie die meisten Mädchen wünschte ich mir, hübsch zu sein. Doch es schien nutzlos, sich noch viel mit dem abzumühen, was mir nun einmal von Natur aus gegeben war. So beschränkte ich mich auf einen Hauch Lippenstift und ein paar Tupfen Puder.

In jenem Jahr brauchte ich das enge, aber gemütliche Zimmerchen ganz nötig. Ich mußte mich mit Fragen befassen, die weichenstellend für mein Leben sein würden. Im vergangenen Sommer hatte ich lange um Klarheit gebetet, ob ich in die Mission gehen sollte. Ich sollte – soviel stand fest. Nach einer Zeit höchster geistlicher Konzentration und schwerer innerer Kämpfe war diese Antwort eindeutig. Der Kampf entsprang nicht einer fehlenden Bereitschaft, einen Ozean zu überqueren oder in einer Bambushütte zu leben, sondern es ging vor allem darum, ob das Ganze meinen eigenen Gedanken entsprungen oder eine Weisung von Gott war. Es ging auch darum, ob ich Chirurgin werden – ich liebte es, Dinge zu sezieren – oder Sprachwissenschaften studieren sollte. Ich kam zu dem Ergebnis, daß es Gott gewesen war, der mich gerufen hatte und daß der Ruf in Richtung Sprachwissenschaften ging. Ich bat den Herrn um seine Bestätigung, daß ich ihn richtig verstanden hatte, und er gab sie mir.

Aber dann war da noch eine andere völlig ungeklärte Angelegenheit, und Gott wußte, daß ich dafür dieses »Kämmerchen« brauchte. Es ging um die Frage der Ehelosigkeit – lebenslang. Ich sagte zu Gott: »Wie bitte, Herr, *ich* soll allein bleiben!?« Die

Frage schien zwischen mir und den griechischen Texten zu stehen, wenn ich am Schreibtisch saß, zwischen mir und meiner Bibel, wenn ich versuchte, auf Gott zu hören. Sie war ein Hindernis für meine Gebete und der Gegenstand immer wiederkehrender Träume.

Ich sprach oft mit Gott darüber, kann mich aber nicht daran erinnern, daß ich diese Frage gegenüber einem anderen Menschen erwähnt hätte – jedenfalls viele Monate lang nicht. Die beiden Mädchen, mit denen ich das Apartment bewohnte – mein Zimmer umfaßte etwa ein Drittel davon – gehörten nicht zu jenem temperamentvollen, kontaktfähigen Typ, den ich so sehr beneidete. Sie waren ruhig und taktvoll, ein paar Jahre älter als ich – die eine eine Musikstudentin, die den größten Teil ihrer Zeit mit Orgelspielen im Konservatorium verbrachte, die andere eine frühere Marinehelferin (weibliche Angehörige der Marine), die eine Meisterin im Stricken silbergrauer Socken war. Beide haben zahllose Socken und Fausthandschuhe gestrickt und sie per Post irgendwohin geschickt. »Wenn du eine Nadel in die Hand nehmen sollst, bist du regelrecht verloren, nicht wahr?« fragte mich Jean eines Tages. Verglichen mit den beiden war ich das wirklich.

Nach Beendigung des Colleges heiratete Jean. Barbara ist heute noch allein. Ich kann mich nicht an Gespräche über Liebe und Ehe mit ihnen erinnern – obwohl wir sicher darüber geredet haben –, doch ich bin ganz sicher, daß für uns alle drei das Alleinsein eines bedeutete: Keuschheit. Wenn man unverheiratet war, war man noch nicht mit einem Mann im Bett gewesen. Und wenn man auf die Dauer allein blieb, bedeutete das, niemals mit irgendeinem Mann ins Bett zu gehen.

»Das war vor hundert Jahren!« so tönt es mir geradezu in den Ohren. Natürlich! Aber selbst »vor hundert Jahren« wurde jeder, der ganz ernsthaft so dachte und handelte, von vielen Leuten schief angesehen. Vielleicht waren wir damals schon eine Minderheit, das weiß ich nicht genau. Auf jeden Fall *bekannte* sich die Mehrheit zu dem Grundsatz, daß Sexualität auf den Umgang zwischen Eheleuten beschränkt sein sollte, ob nun das Privatleben der Menschen diese Überzeugung widerspiegelte oder nicht. Heute allerdings haben sich die Zeiten geändert – so sagt man uns. Jahrtausendelang hielt sich die Gesellschaft an gewisse Ordnungen auf dem Gebiet der Sexualität. Ein Mann nahm eine Frau (oder Frauen), wie es durch die geltenden Bestimmungen vorgeschrieben war, und lebte mit ihr (oder mit ihnen) nach anerkannten Regeln. Mit den Frauen anderer Männer konnte er sich nur unter Gefährdung seiner eigenen Person abgeben. Eine Frau wußte, daß sie einen unbezahlbaren Schatz besaß: ihre Jungfräulichkeit. Sie bewachte diesen Schatz eifersüchtig für den Mann, der einen bestimmten Preis dafür zahlen würde – eine verbindliche Ehe mit ihr, und mit ihr allein. Selbst in Gesellschaften, in denen Polygamie erlaubt war, gab es Regeln, die den Umgang miteinander und die Verantwortlichkeit der Partner ordneten, Regeln, von denen die Stabilität der Gesellschaft abhing.

Irgendwie hat sich bei uns die Vorstellung eingeschlichen, daß wir all diese Regeln vergessen und trotzdem zurechtkommen können. »Die Zeiten haben sich geändert«, pflegen wir zu sagen. »Endlich haben wir die hemmenden Fesseln abgestreift. Heute steht der Bereich der Sexualität für jeden offen, und der Stand der alleinstehenden Frau entspricht unserer Zeit. Wir leben in Freiheit. Wir können alles haben, ohne daß es uns zu etwas verpflichtet. Frauen können ebenso Herzensbrecher sein wie Männer, wenn sie wollen. Und Männer sind keine echten Männer, solange sie es nicht dadurch beweisen, daß sie so viele Frauen wie möglich verführen – oder auch Männer. Heute darf man nämlich wählen, welches Geschlecht man bevorzugt. Ob wir mit einem Partner des anderen Geschlechts oder des eigenen ins Bett gehen, ist einerlei. Das ist nur noch eine Frage des Geschmacks, und den kann man nicht vorschreiben. Alle Menschen sind gleich. Und alle Menschen sind frei. Keiner braucht heute mehr in irgendeiner Weise enthaltsam zu leben. Wirklich – niemand ist verpflichtet, sich etwas zu versagen, worauf er Lust hat. Wenn deine Gefühle etwas bejahen, und du handelst nicht danach, bist du verrückt. Und wenn deine Gefühle gegen etwas sprechen, und du tust es doch, dann kannst du nur ein Masochist sein, der Spaß daran hat, sich selbst zu quälen.«

Der Grund, warum meine Mitbewohnerinnen und ich glaubten, daß *allein* zu bleiben auch hieß, *keusch* zu bleiben, lag nicht darin, daß wir »vor hundert Jahren« lebten und alle anderen auch so dachten. Es lag auch nicht darin, daß wir es eben nicht »besser wußten«, daß wir zu naiv waren, um zu wissen, daß sich Menschen schon seit Jahrtausenden dem Ehebruch oder der Hurerei hingaben. Es lag auch nicht daran, daß wir noch nicht emanzipiert oder ganz einfach dumm waren. Der Grund für unsere Haltung war, daß wir Christen waren. Wir achteten die Heiligkeit der Sexualität.

Ich saß an meinem Tisch vor dem Fenster und dachte lange und ernsthaft über die Ehe nach. Ich wußte, welche Art Mann ich mir wünschte. Es mußte einer sein, der die Keuschheit hoch einschätzte – seine eigene und meine –, genau wie ich.

Was suchen die Frauen heute? Was wünschen sich die Männer? Ich meine, nicht nur oberflächlich, sondern ganz tief innen. Was wollen sie wirklich? Wenn »die Zeiten« sich tatsächlich geändert haben, gilt das für die menschlichen Sehnsüchte ebenfalls? Sind Grundsätze an dieser Stelle überflüssig? Haben sich die christlichen Prinzipien geändert?

Die letzten drei Fragen kann ich nur mit Nein beantworten, mit einem leidenschaftlichen Nein. Ich bin davon überzeugt, daß das menschliche Herz nach Beständigkeit hungert. Wenn wir die Heiligkeit der Sexualität durch zufälligen, wahllosen Partnerwechsel herabwürdigen, verschleudern wir etwas, ohne das wir nicht gut leben können. Wenn Keuschheit und Reinheit nicht mehr geschützt und geachtet werden, ist das Leben nur noch eine dumpfe, eintönige Sache, reine Langeweile. Wenn wir auf diese Weise überall Erfüllung suchen, finden wir sie nirgendwo.

Denn Christus ist mein Leben

Ein junger britischer Prediger sprach eine Woche lang in unserer Collegekapelle. Unter anderem redete er von zwei Dingen, die mir im Gedächtnis haften blieben: »Ich beschwöre euch, ihr Töchter Jerusalems, daß ihr die Liebe nicht aufweckt und nicht stört, bis es ihr selbst gefällt« (Hld 2,7). Er legte das Wort so aus, daß ein Mensch, sei es Mann oder Frau, sich im Hinblick auf die Partnerwahl nicht sorgen, sondern im Willen Gottes ruhen sollte, bis es Gott gefiele, ihn »aufzuwecken«. Das zweite, was er uns nahelegte, war das Führen eines geistlichen Tagebuches. Ich beschloß, seinem Rat in beiden Punkten zu folgen.

Ich kaufte ein kleines braunes Ringbuch von fast der gleichen Größe wie meine braune, in Leder gebundene Bibel. Beide gehörten nun für mich zusammen – für alle Zeiten. Auf das Deckblatt des Ringbuches schrieb ich in Griechisch die Worte: »Denn Christus ist mein Leben …« (Phil 1,21). Auf die erste Seite klebte ich die Kopie einer Liedstrophe von Johann Franck:

Jesu, meine Freude,
meines Herzens Weide,
Jesu, meine Zier,
ach, wie lang, ach lange
ist dem Herzen bange
und verlangt nach dir!
Gottes Lamm, mein Bräutigam,
außer dir soll mir auf Erden
nichts sonst Liebers werden.

Ich nannte das Notizbuch »Gomer für Manna« (Gomer = hebräisches Hohlmaß), in dem ich den Gedanken von 2. Mose 16,32 aufgriff: »Mose sagte: Der Herr ordnet folgendes an. Ein volles Gomer Manna ist für die Generationen nach euch aufzubewahren, damit sie das Brot sehen, das ich euch in der Wüste zu essen gab, als ich euch aus Ägypten herausführte« (Einheitsübersetzung).

Herr, was ist Liebe?
»... Gott ist die Liebe; und wer in der Liebe bleibt, der bleibt in Gott ...« *1. Johannes 4, 16*
»Das ist mein Gebot, daß ihr euch untereinander liebt, wie ich euch liebe.« *Johannes 15, 12*
Vater, wie ist das möglich?
»... die Liebe Gottes ist ausgegossen in unsre Herzen durch den heiligen Geist, der uns gegeben ist.« *Römer 5, 5*

Gut und Blut, Leib, Seel und Leben
ist nicht mein; Gott allein
ist es, der's gegeben.
Will er's wieder zu sich kehren,
nehm er's hin; ich will ihn
dennoch fröhlich ehren.

Paul Gerhardt

»Will er's wieder zu sich kehren, nehm er's hin«. – Bin ich dazu bereit? Es ist doch mein Leben, oder nicht? »Oder wißt ihr nicht, daß euer Leib ein Tempel des heiligen Geistes ist, der in euch ist und den ihr von Gott habt und ihr nicht euch selbst gehört? Denn ihr seid teuer erkauft ...« (1. Kor 6,19–20).

Das ist mein Schicksal: Einer hat für mich mit seinem Blut bezahlt. Wie sehr hebt dieses Wissen meinen Horizont über die Sehnsucht des Augenblicks hinaus!

»Und nun spricht der Herr, der dich geschaffen hat, Jakob, und dich gemacht hat, Israel: Fürchte dich nicht, denn ich habe dich erlöst; ich habe dich bei deinem Namen gerufen; du bist mein« (Jes 43, 1).

Damit ist meine Bestimmung klar umrissen: geschaffen, gestaltet, erlöst, bei meinem Namen gerufen. Was für Israel galt, gilt für jeden Christen, der durch den Glauben ein Kind Gottes geworden ist.

»Wenn du durch Wasser gehst, will ich bei dir sein, daß dich die Ströme nicht ersäufen sollen; und wenn du ins Feuer gehst, sollst du nicht brennen, und die Flamme soll dich nicht versengen. Denn ich bin der Herr, dein Gott, der Heilige Israels, dein Heiland« (Jes 43,2–3).

Vor einigen Jahren kam eine junge Frau zu mir und fragte: »Darf ich zu Gott sagen, daß ich Missionarin werde, wenn er mir einen Mann gibt?«

Ich sagte: »Nein!« Sie hatte Gottes Anspruch noch nicht verstanden. Befinden wir uns Gott gegenüber in der Position, daß wir mit ihm handeln können? Mit unserem Schöpfer, unserem Erlöser, dem Heiligen Israels? »Denn: ihr wißt, daß ihr nicht mit vergänglichem Silber oder Gold erlöst seid von eurem nichtigen Wandel nach der Väter Weise, sondern mit dem teuren Blut Christi ...« (1. Petr 1, 18–19).

1. März 1948

»... Laß uns leben, so wollen wir deinen Namen anrufen. Herr, Gott Zebaoth, tröste uns wieder; laß leuchten dein Antlitz, so genesen wir.« Psalm 80,19–20

O Haupt voll Blut und Wunden,
voll Schmerz und voller Hohn,
o Haupt, zum Spott gebunden
mit einer Dornenkron,
o Haupt, sonst schön gezieret
mit höchster Ehr und Zier,
jetzt aber auch schimpfieret:
gegrüßet seist du mir.

Ich danke dir von Herzen,
o Jesu, liebster Freund,
für deines Todes Schmerzen,
da du's so gut gemeint.
Ach gib, daß ich mich halte
zu dir und deiner Treu
und, wenn ich nun erkalte,
in dir mein Ende sei.

Paul Gerhardt

Herr, ich habe dir in Ewigkeit mein Ja gegeben. Laß mich niemals die Hand, die ich an den Pflug gelegt habe, wieder zurückziehen. Laß mich den Weg des Kreuzes, der vor mir liegt, erkennen und kompromißlos gehen. Fülle mich mit Liebe, daß kein Platz für eigenwillige Gedanken oder Schritte bleibt.

Verwirrung der Gefühle

Über die Verwirrung, in die ich nach meinen ernsten Gebeten geriet, wundere ich mich heute gar nicht mehr. Wenn es einen »Feind der Seele« gibt (und daran zweifle ich nicht im geringsten), dann kann er den Wunsch nach Reinheit auf keinen Fall ertragen. Eben darum wird die Leidenschaft eines Mannes oder einer Frau zum Schlachtfeld. Der »Hirte der Seelen« verhindert das nicht. Ich war überrascht darüber, weil ich dachte, daß er das eigentlich müßte, aber er tut es nicht. Er will, daß wir lernen, unsere Waffen zu gebrauchen.

Ein paar Auszüge aus meinem Tagebuch zeigen meine Verwirrung deutlich und vermitteln – fürchte ich – ein genaueres Bild von meinem damaligen Inneren, als ich es im Gedächtnis behalten habe.

2. Februar 1947
Sehnsucht nach jemand, den ich lieben könnte, aber vielleicht will der Herr mich ganz für sich haben.

3. Februar
Sarah Teasdale: »Liebe – warum weine ich hinterher?«

16. Februar
Hal hat eine Verabredung mit meiner Zimmergenossin, später am Abend wartet er auf mich.

17. Februar
Hal bringt mich nach Hause. Eigentlich habe ich keine rechte Lust, mit ihm zu gehen.

18. Februar
Phil bat mich, mit ihm auszugehen. Ich lehnte ab.

21. Februar
Hal hatte fünf Verabredungen mit meiner Nachbarin in der letzten Woche. So oft bin ich, alles zusammengerechnet, noch nicht mit ihm ausgegangen.

22. Februar
Hal fuhr mich von der Post nach Hause. Ich schrieb ein Gedicht, inspiriert von der Unbeständigkeit der Paare um mich herum. Soll ich mit Hal Schluß machen, um offene Karten bitten oder ihm die Initiative überlassen?

8. März
Ich nahm eine Verabredung mit Hal zu einem Konzert an.

9. März
Verabredung nicht eingehalten; habe Hal gesagt, daß wir aufhören sollten, uns zu treffen. Hal sagt, es würde nie eine andere Frau für ihn geben.

10. März
War ich voreilig?

11. März
Soll ich mich entschuldigen?

12. März
Ich wünschte, ich hätte nicht Schluß gemacht.

14. März
Habe versucht, ihn zu sehen.

17. März
Habe mit ihm gesprochen, alle Geschenke zurückgegeben, mich bei ihm bedankt für alles, was er für mich getan hat. Vermisse ihn.

23. März
Traf Jim Elliot. Gutes Gespräch. Er ist ein netter Typ.

1. Juli
Hin und wieder denke ich über Ehelosigkeit nach ... Gott kann mir ganz gewiß ein erfülltes Leben geben. Ich möchte mich niemals von ihm abwenden.

26. Oktober
Ich las von Henry Martyn aus Indien, der sich zwischen der Frau, die er liebte, und dem Missionsfeld entscheiden mußte. Muß ich vielleicht zwischen Ehe und Mission wählen?

27. Oktober
Elisabeth Clephane: »Ich bitte um keine andere Sonne als das Leuchten seines Angesichts.«

11. November
Ich denke voll Sorge an die zukünftige Übersetzungsarbeit, an Ehe oder Alleinsein, an den Griechischunterricht im nächsten Jahr. Ich bin nicht »festen Herzens« (s. Jes 26,3).

Eines Tages fragte mich eine Freundin im Studentenwohnheim nach meinem »Liebesleben«.

»Liebesleben? Ich habe doch gar keins!«

»Das kannst du mir nicht weismachen! Ich habe gehört, daß du mit Hal Schluß gemacht hast.«

»Und das nennst du Liebesleben?«

»Du weißt doch, was ich meine. Zumindest hast du eine Chance.«

»Na gut, das mag sein.«

»Und habe ich dich nicht letzte Woche mit Phil ausgehen sehen?«

»Phil! Du weißt doch, warum *er* mich gefragt hat.«

»Nein, warum?«

»Er gehört zum Junggesellenclub. Da muß er doch jede Woche mit einer anderen Frau ausgehen – möglichst mit einer, die sonst nie angesprochen wird. Findest du das schmeichelhaft?«

Gut, da waren Hal, Phil und ein paar junge Männer, die schon auf der Oberschule Interesse an mir gezeigt hatten. Aber keiner von ihnen hatte auch nur die geringste Ähnlichkeit mit dem Ehemann, von dem ich träumte.

Wenn die Zeiten sich vielleicht geändert haben, sehe ich doch nicht weniger Verwirrung als früher. Frauen träumen und hoffen immer noch, hängen ihre Gefühle an einen Mann, der sie nicht erwidert, und geraten in tiefe Verzweiflung. Ein Mädchen schrieb mir einen langen Brief über ihre erste Liebe, die gescheitert war. Dann berichtete sie davon, wie sie einen richtigen Märchenprinz kennengelernt hatte. Er hieß Skip.

> »Durch unser kurzes Gespräch wurde mir bewußt, daß er ein ganz besonderer Mensch war. Ich spürte seine enge Beziehung zum Herrn. Als meine Zimmerkameradin und ich nach diesem Abendessen nach Hause fuhren, murmelte sie, Skip sei ein ›netter Kerl‹ oder so ähnlich. Und ich sagte im stillen zum Herrn: ›Den

nehme ich, vielen Dank!‹ Zwei Wochen später gingen wir zusammen aus. Wir wollten uns ein Feuerwerk ansehen, doch es regnete. So landeten wir in einer kleinen Bar, tranken Kaffee und unterhielten uns fünf Stunden lang. Als wir schließlich heimgingen, saßen wir mit meiner Zimmerkameradin und ihrem Freund noch eine Weile zusammen. Dann wollte Skip so gerne meine künstlerischen Arbeiten sehen, und wir redeten noch ein bißchen weiter. Um zwei Uhr morgens, als wir uns endlich dazu entschließen konnten, uns zu verabschieden, sagte Skip: ›Laß uns beten‹. Ich bin ziemlich sicher, daß ich in jenem Augenblick mein Herz schon verloren hatte. Es war für mich der Anfang einer der schmerzhaftesten Erfahrungen meines Lebens. Wir trafen uns immer häufiger und immer länger, aber plötzlich zog Skip sich zurück. Ich war die letzten drei Monate damit beschäftigt, mich von ihm zu lösen. Ich liebe ihn noch genauso wie am Anfang, aber jetzt tut es nicht mehr so weh.«

Diese Geschichten ähneln sich weitgehend. In den Frauen wächst immer wieder die uralte Sehnsucht – »Und dein Verlangen soll nach deinem Manne sein« (1. Mose 3, 16) –, die unauslöschliche Hoffnung auf Beachtung, Erwiderung der Gefühle, Beschütztwerden. In den Geschichten der Männer taucht dagegen immer wieder die Ruhelosigkeit, das Experimentieren, Erobern auf, selbst wenn tief innen ein Hunger herrscht, den Robert Service einmal so beschrieb:

> »Ein Hunger – nicht der im Magen, den man mit Bohnen und Speck befriedigt –, sondern der nagende Hunger eines einsamen Mannes, der Heimat sucht. Sehnsucht nach Wärme und Feuer im Kamin, weit weg von den Sorgen; vier Wände und ein Dach über dem Kopf ... und eine Frau, die ihn liebt.«

Aus meiner jetzigen Perspektive heraus wundere ich mich fast über meine Naivität damals, als ich zwanzig war. Wenn ich heute die Geschichten von der Liebe höre, die man erhofft, gewinnt und verliert, dann werde ich daran erinnert, daß gerade in diesen Herzensangelegenheiten mein eigenes Herz geprüft und durchleuchtet wurde, daß genau an dieser Stelle der Reinigungsprozeß begann. »Selig sind, die reinen Herzens sind; denn sie werden Gott schauen« (Mt 5,8). Hat dieses »Gott schauen« wirklich einen so hohen Preis? Ist ein Herz nicht rein genug, wenn es nicht mehr als das übliche Maß an Verschlagenheit, Begehrlichkeit oder Gier enthält? Reichte es nicht aus, daß ich aufrichtig *wünschte*, Gott zu lieben und zu tun, was er wollte?

Niemals vergesse ich den Morgen, als unser damaliger Dekan seine Andacht in der Kapelle mit den Worten eines alten Liedes schloß – ich sehe noch seine demütige Haltung, höre seine ruhige Stimme:

Ich will ans Kreuz mich schlagen
mit dir und dem absagen,
was meinem Fleisch gelüst;
was deine Augen hassen,
das will ich fliehn und lassen,
soviel mir immer möglich ist.

Paul Gerhardt

Ein Mann, wie ich ihn mir wünsche

Im Anglikanischen Gebetbuch gibt es eine Reihe kurzer Gebete, die Gedanken zur täglichen Bibellese enthalten. Da heißt es zum fünften Sonntag nach der Fastenzeit:

»Allmächtiger Gott, du allein kannst den ungestümen Willen und die leidenschaftlichen Gefühle des schuldverhafteten Menschen zur Ruhe bringen. Schenk deinem Volk die Gnade, zu lieben, was du befiehlst, und zu wünschen, was du verheißt. Gib, daß bei dem schnellen Wechsel und den mancherlei Veränderungen, die die Welt kennzeichnen, unsere Herzen dort einen sicheren Ankergrund haben, wo es wahre Freude gibt: in Jesus Christus, unserm Herrn, der lebt und regiert mit dir, und dem Heiligen Geist als der eine Gott – heute und in Ewigkeit, Amen.«

Ich glaube, während meiner ganzen Oberschul- und Universitätszeit las ich meine Bibel nahezu jeden Tag treu und regelmäßig. In den Jahren davor hatte ich zwar nicht immer selbst zum Wort Gottes gegriffen, aber mein Vater hatte zu Hause jeden Morgen und Abend daraus vorgelesen. Es war kein großes Verständnis nötig, um zu erkennen, daß ich den biblischen Maßstäben nicht gerecht wurde. Als ich zur jungen Frau heranreifte und mich selbst besser kennenlernte, wurde mir deutlich bewußt, daß mein Wille und meine Gefühle schwerer unter Kontrolle zu bringen waren als alles andere. Sie waren einfach extrem unbändig – die Eintragungen in meinem Tagebuch bezeugen es.

Etwas in Ordnung bringen, bändigen – ob es nun ein unordentliches Zimmer, ein wildes Pferd oder ein widerspenstiges Kind ist – erfordert immer einigen Aufwand. Zumindest braucht man Zeit und Energie. Vielleicht werden aber auch echte Opfer verlangt; vielleicht kostet es Tränen und Mühe und wird sogar zur Plackerei. Die Erhörung des Gebetes um die Zügelung unseres unbändigen Willens und unserer Gefühle verlangt von uns einen Preis.

Hab ich sonst mein Herz geteilet,
hab ich hier und da verweilet,
endlich sei der Schluß gemacht,
meinen Willen ganz zu geben,
meinem Gott allein zu leben,
ihm zu dienen Tag und Nacht.

Gerhard Teerstegen

In der versammelten Gemeinde ist es leicht, solche Lieder zu singen. Wie oft hatte ich diese Worte gesungen, ohne zu wissen, was sie einmal für mich bedeuten würden. Ich möchte nicht sagen, daß ich sie nur so gedankenlos vor mich hin gesungen hätte, aber es mußte sich erst noch herausstellen, wie ernst es mir damit war.

Es gab einen Studenten namens Jim Elliot an der Universität, der mir immer wieder auffiel seit jenem Tage im März, als ich ihn zum erstenmal getroffen und mit ihm gesprochen hatte. Er und mein Bruder Dave gehörten zu einer Ringkampfgruppe, und so ergab es sich, daß ich zu einem ihrer Wettkämpfe ging – angeblich, um Daves Auftritt zu sehen. Dann aber stand ich in der Menge und lachte mit den anderen über Jim Elliot, den »Gummi-Menschen«, den man fast verknoten und doch nicht fassen konnte. Ein anderes Mal bemerkte ich Jim in einer missionarischen Gruppe – ernst, engagiert, freimütig (vor allem denen gegenüber, die sich nicht besonders für Mission interessierten). Ich beobachtete ihn, wie er im Speisesaal in der Schlange stand und kleine weiße Karten in der Hand hielt – er lernte bei der Gelegenheit griechische Vokabeln oder Bibelverse auswendig. Semester für Semester hörte ich, wie sein Name aufgerufen wurde, wenn die Auszeichnungen verteilt wurden. Schließlich lud Dave Jim ein, über Weihnachten mit uns nach Hause nach New Jersey zu kommen. Wir führten stundenlange Gespräche, nachdem der Rest der Familie längst zu Bett gegangen war. Und je mehr ich von Jim erfuhr, desto mehr erkannte ich, daß er genau dem Bild entsprach, das ich mir von meinem zukünftigen Gatten gemacht hatte. Er sang gern Kirchenlieder und kannte Dutzende auswendig. Er liebte es, Gedichte vorzutragen. Er war ein richtiger Mann, stark, ungekünstelt, freundlich und – wie es mir schien – sehr gutaussehend. Er liebte Gott. Das war die stärkste Triebkraft seines Lebens. Daneben war alles andere zweitrangig.

Er studierte wie ich Griechisch als Hauptfach. Nach Weihnachten begann ich zu hoffen, daß er sich in den Vorlesungen ab und zu neben mich setzen würde. Er tat es wirklich, sogar oft –

selbst wenn er manchmal über andere hinwegsteigen mußte, um den Platz neben mir zu erwischen. War es möglich ...? Hatte er vielleicht Interesse an mir ...? Meine Hoffnungen stiegen, aber nur sehr, sehr schüchtern.

Sonntagmorgen im Speisesaal. Da viele Studenten an den Wochenenden das Universitätsgelände verließen und viele von den Dagebliebenen zum Frühstück nicht aufstanden, kamen alle übrigen in einem Speisesaal zusammen, statt sich wie sonst auf drei zu verteilen. Das war während der ganzen Woche meine einzige Chance, Jim beim Essen zu sehen. An den übrigen Tagen aß er in einer anderen Mensa, wo die Preise niedriger und – wie wir spöttisch zu sagen pflegten – die Leute bescheidener waren. Ich saß mit einer Gruppe von Mädchen in dem »besseren« Speisesaal und schob gerade mein letztes Stück Waffel in den Mund, als ich Jim hereinkommen sah.

Unsere Blicke trafen sich, und ein breites Lächeln ging über sein Gesicht. Den Rest des Tages schwebte ich wie auf Wolken. Jim Elliot hatte mich angelacht!

Jim organisierte einen missionarischen Einsatz in Indiana und wählte drei junge Männer und drei Mädchen aus, die mitkommen sollten. Ich war eine von ihnen. Spät nach Mitternacht fuhren wir heim. Jim sagte, er brauche jemand, der neben ihm säße und ihn unterhielte, damit er wachbleiben könne.

»Wie wäre es mit dir, Betty?« fragte er, und mein Herz überschlug sich fast. Ich – müde!? Kein bißchen!!

Wir sprachen über die Ereignisse des Tages, über Jugendliche, mit denen wir ins Gespräch gekommen waren, und vielleicht noch über manches andere. Das weiß ich nicht mehr so genau. Dann sagte Jim einundzwanzig Strophen aus einem Loblied auf und zitierte auch »meinen« Vers, den ich auf das »Gomer für Manna« geklebt hatte: »Jesu, meine Freude, meines Herzens Weide, Jesu, meine Zier ...«

Eines Abends ging auf meinem Flur der Summer: für eine von uns gab es einen Telefonanruf. Das galt höchst selten mir, aber diesmal rief jemand meinen Namen.

Ich rannte hinunter in die Diele und nahm den Hörer auf.

»Betty? Hier ist Jim. Was hältst du davon, wenn wir drüben in der Pinte eine Cola zusammen trinken? Ich möchte gerne mit dir reden.«

»Klar. Jetzt sofort?«

»Ja, ich gehe gleich hinüber.«

Wir setzten uns in einen Winkel der »Pinte«, wie der Freizeitraum der Studenten scherzhaft genannt wurde. Jim gab seine Bestellung auf, dann öffnete er seine Bibel. Ich habe die Stelle vergessen, auf die er sich bezog, aber ich erinnere mich an das Gespräch. Es ging um meine Verschlossenheit. Jim tadelte mich als eine »Schwester in Christus«, ermahnte mich, offener, freundlicher zu sein. Christus könnte mich freier machen, wenn ich ihn gewähren ließe.

Ich war ein bißchen verletzt. Doch gleichzeitig war ich froh über Jims Geradlinigkeit, froh, daß ich ihm so viel bedeutete, daß er mir aufrichtig die Wahrheit sagte. Das war ein weiterer Pluspunkt auf meiner »Checkliste« – dies war die Art von Mann, nach der ich mich sehnte.

Ich hatte den Herrn gebeten, mir eine besondere Möglichkeit zum Dienst für ihn zu geben. Nun hörte ich, daß eine Gruppe von Studenten regelmäßig sonntags nach Chicago ging, um auf den Bahnhöfen den Menschen von Christus zu sagen. Was hätte mich mehr erschrecken können als dieser Gedanke? Doch ich dachte an Jims Mahnung und beschloß, mich nicht abschrecken zu lassen. »Geh auf das zu, wovor du Angst hast«, sagte ich mir. Als ich am folgenden Sonntagnachmittag am Bahnhof ankam, wo der Zug nach Chicago abging – wer lief da im rauhen Wind auf dem Bahnsteig auf und ab: Jim Elliot, mit flatterndem Mantel, einen Filzhut auf dem Kopf, seine dicke Bibel unter dem Arm. O weh! Ich hatte keine Ahnung gehabt, daß er zu der Gruppe gehörte. Er würde sicher denken, ich wäre hinter ihm her; aber jetzt gab es kein Zurück mehr.

Die Teilnehmer der Aktion hatten sich abgesprochen, sich im Zug nicht zusammen zu setzen. Wir hofften, unterwegs mit Fremden ins Gespräch zu kommen. Wir trafen uns aber als Gruppe einmal in der Woche in Gebetskreisen an der Universität. Eines Sonntags waren die Eisenbahnwagen auf der Rückfahrt nahezu leer. Jim warf seine Bibel auf den Platz neben mir, während er Hut und Mantel ablegte. Mir lief es heiß und kalt den Rücken herunter.

»Wie ging es, Betty?« fragte er. Den ganzen Rückweg unterhielten wir uns, und dann begleitete er mich zum Studentenwohnheim. Nichts von dem, was wir sprachen, ist mir in Erinnerung geblieben, außer einem allgemeinen Eindruck von Ermutigung. Vielleicht sah er, daß ich das gewählt hatte, was mir am schwersten fiel. Mit der leicht hingeworfenen Bemerkung: »Wir sehen uns im Griechisch wieder«, verabschiedete er sich.

Jede Begegnung mit ihm bestärkte meinen Verdacht, daß ich mich in diesen Mann verlieben würde. Ein herrliches Gefühl ... aber nicht sehr vernünftig für eine Frau, die versuchte, geraden Kurs auf ein Missionsfeld zu nehmen, von dem sie dachte, daß es in Afrika oder in der Südsee liegen würde.

Wie sollte das eigentlich konkret aussehen, »meinen Willen ganz zu geben, meinem Gott allein zu leben, ihm zu dienen Tag und Nacht«? Nun, das würde ich schon herausfinden, wenn ich mich verliebte. *Bis jetzt war es noch nicht so weit.*

Wieviel Hingabe verlangt Gott?

Schon in alttestamentlichen Zeiten prüfte Gott das Herz des Menschen:

»Nach diesen Geschichten versuchte Gott Abraham und sprach zu ihm: Abraham! Und er antwortete: Hier bin ich. Und er sprach: Nimm Isaak, deinen einzigen Sohn, den du lieb hast, und geh in das Land Morija und opfere ihn dort zum Brandopfer auf einem Berge, den ich dir sagen werde. Da stand Abraham früh am Morgen auf und gürtete seinen Esel ... und machte sich auf...« (1. Mose 22, 1–3).

Auch in neutestamentlichen Zeiten prüfte der Herr die Menschen und machte ihre Motive offenbar:

»Und siehe, einer trat zu ihm und fragte: Meister, was soll ich Gutes tun, damit ich das ewige Leben habe? ... Jesus antwortete ihm: Willst du vollkommen sein, so geh hin, verkaufe, was du hast, und gib's den Armen, so wirst du einen Schatz im Himmel haben; und komm und folge mir nach« (Mt 19, 16–21).

»Wer Vater oder Mutter mehr liebt als mich, der ist meiner nicht wert; und wer Sohn oder Tochter mehr liebt als mich, ist meiner nicht wert. Und wer nicht sein Kreuz auf sich nimmt und folgt mir nach, der ist meiner nicht wert. Wer sein Leben findet, der wird's verlieren; und wer sein Leben verliert um meinetwillen, der wird's finden« (Mt 10, 37–39).

»Ja, ich erachte es noch alles für Schaden gegenüber der überschwenglichen Erkenntnis Christi Jesu, meines Herrn. Um seinetwillen ist mir das alles ein Schaden geworden, und ich erachte es für Dreck, damit ich Christus gewinne« (Phil 3, 8).

Das sind große geistliche Prinzipien, an denen nicht zu rütteln ist. Jedem einzelnen stimmte mein Verstand völlig zu. Glaubenshelden wie Abraham oder Paulus – *sie* mußten natürlich harten Prüfungen unterzogen werden. Aber ich war doch nur eine kleine Studentin, die versuchte, den ihr vorgegebenen Stoff gut zu bewältigen, die um Wegweisung für ihr Leben betete und gleichzeitig Sympathien für einen sehr attraktiven jungen Mann verspürte, der das Reich Gottes an erste Stelle setzte. Was war schon dabei?

»Willst du vollkommen sein ...« Diese Frage richtete sich nicht mehr nur an meinen Verstand. Jetzt waren auch mein Herz und meine Gefühle beteiligt, und ich mußte eine Antwort finden. Diesmal prüfte Gott *mich*. Wollte ich wirklich den »ganzen Weg« gehen? – *Ja, Herr.*

»Willst du meiner wert sein?« *Ja, Herr.*

»Möchtest du Jesus Christus als Herrn anerkennen?« *Ganz gewiß, Herr.*

In ihrem Buch »Parabels of the Cross«[2] beschreibt Lilias Trotter das Sterben und Wiederaufleben der Pflanzen, diesen Kreislauf, der den geistlichen Prozeß widerspiegelt, der in uns geschehen muß, wenn wir für uns selbst sterben und für Gott leben wollen. Für das Liebesleben gilt das gleiche wie für alle anderen Bereiche:

> »Die schönen neuen Blütenblätter müssen wieder abfallen – aus keinem ersichtlichen Grund. Keiner scheint durch dieses Entkleiden bereichert zu werden.
> Und der erste Schritt im Bereich der Hingabe bedeutet ein ähnliches Loslassen – nicht auf den Menschen bezogen, sondern auf Gott: ein ganz und gar vorbehaltloses Ausliefern unseres Besten und Wertvollsten. Solange unsere Vorstellung von Hingabe noch beschränkt ist auf das Loslassen von unrechten oder unguten Dingen, haben wir die wahre Bedeutung dieses Prozesses nicht verstanden: er wäre dann nicht wert, als Hingabe bezeichnet zu werden, denn ›nichts Beflecktes‹ ist zum Opfer tauglich.
> Das am Kreuz ausgehauchte Leben war kein sündiges – die dort ›ausgeschütteten Schätze‹ waren von Gott geschenkt, von Gott gesegnet, legal erworben, und der Besitzer war berechtigt, sie festzuhalten – nur, daß das Leben der Welt dabei auf dem Spiel stand.«

Was ist das für ein Gott, der alles von uns fordert? Es ist der gleiche Gott, »der auch seinen eigenen Sohn nicht verschont hat, sondern ihn für uns alle hingegeben (hat) – wie sollte er uns mit ihm nicht alles schenken?« (Röm 8, 32).

Er gibt alles.

Er fordert alles.

2. April

Mich hat die Angst gepackt, daß mein eigener Wille sich durchsetzen könnte und ich dann unbrauchbar wäre für Gott. Es wäre so einfach, meinen Gefühlen nachzugeben und die Stimme des Herrn zu behindern, wenn er sagt: »Dies ist der Weg, den geh.«

Ich wünschte mir, geliebt zu werden. Das ist nichts Ungewöhnliches – nichts, das meine Generation von einer anderen unterschieden hätte.

Aber da gab es noch eine tiefere Sehnsucht in mir. Ganz tief unten, unter all den Torheiten in meinem Tagebuch, unter Gedanken, die sich vor dem »Wind des Geistes« vielleicht einmal als »Spreu« erweisen würden, lag auch ein wenig »Weizen«. Da gab es eine vor Gott ehrliche Sehnsucht nach einem »fest verankerten Herzen«. Tausend Fragen gingen mir dabei durch den Kopf, die gleichen finde ich heute in den Briefen, die ich erhalte. Ich hatte geglaubt, daß wenigstens einige meiner Gedanken und Empfindungen ganz neu wären. Meine Briefpartner denken das auch. Wie ich mich irrte, so irren sie sich. Doch die wichtigste Frage, die letztlich den Kurs unseres Lebens bestimmt, heißt: Was will ich wirklich? Geht es mir darum, das zu lieben, was Gott befiehlt, und zu wünschen, was er verheißt? Will ich, was *ich* will, oder will ich, was *er* will, ohne Rücksicht auf den Preis, den es kosten wird?

Solange nicht der Wille und die Gefühle unter die Herrschaft Christi gebracht worden sind, haben wir noch nicht verstanden, geschweige denn angenommen, was seine Herrschaft bedeutet. Wenn das Kreuz in das Liebesleben einbezogen wird, offenbart es, wie es wirklich im Herzen aussieht. Mein Herz, das wußte ich, würde für immer einsam und unbeständig sein, solange es nicht dort zur Ruhe gekommen war, wo die wahre Freude zu finden ist.

Eines Morgens las ich die Geschichte von der Speisung der Fünftausend. Die Jünger konnten nur fünf Brote und zwei Fische auftreiben. »Gebt sie mir«, sagte Jesus. Er verlangte alles. Er nahm sie, segnete sie und brach sie, bevor er sie austeilte. Mir fiel ein, was eine Frau aus Peru einmal in unserer Kapelle gesagt hatte: »Wenn mein Leben gebrochen wird, nachdem ich es Jesus gegeben habe, dann deswegen, weil die Stücke eine große Menschenmenge ernähren werden, während von dem ungebrochenen und ungesegneten Laib nur ein kleiner Junge satt geworden wäre.«

Die Argumente der Schlange

Vor einigen Jahren klopfte eine hübsche junge Frau, die bei mir im Haus lebte, mitten in der Nacht an meine Schlafzimmertür. Sie hatte eine Verabredung gehabt und wollte mit mir reden. Sie setzte sich ans Fußende meines Bettes und erzählte mir von ihrem dringenden Wunsch, einen gutaussehenden, reichen Mann zu heiraten. Dieses Bild paßte leider nicht auf den Mann, mit dem sie gerade ausgegangen war. Gutaussehend war er zwar – ein stattlicher, interessanter Mann, der auch Christ war – »wirklich nett«, aber nicht reich.

»Was ist dein größter Wunsch für dein Leben«, fragte ich, »nach *Gottes* Willen zu handeln oder nach deinem eigenen?«

»Nach Gottes Willen natürlich.«

»Und was ist, wenn Gott einen Mann für dich aussucht, der arm ist und ganz schlicht auftritt?«

»Oh, das würde er niemals tun!«

»Warum nicht?«

»Weil er mich liebt.«

»Aha, ich verstehe. Dann wird Gott also den armen, bescheiden auftretenden Mann nur einer Frau geben, die ›Er‹ nicht liebt?«

»Hhm, aber ...«

»Oder – überleg dir folgendes: liebt Gott den einfachen, armen Mann? Wenn ja, wird er ihm dann eine häßliche Frau geben? Oder sollte er ihm eine hübsche Frau geben?«

»Oh, bitte!«

»Du sagtest, du möchtest Gottes Willen anerkennen, Anne, und Gottes Pläne beziehen das ganze Universum mit ein – all die Atome und all die Welten, all die Menschen, hübsche und häßliche, reiche und arme. Er ist der Baumeister, der in überaus komplizierten Zusammenhängen die Dinge zum Guten wendet, und dazu mag es gehören, einem schlichten Mann eine hübsche Frau zu geben. Vielleicht betet der Mann ohne Geld und Ansehen zu Gott, daß er ihm dich schenkt. Was sagst du dazu?«

»Das ist mir zu kompliziert. Ich habe gebetet, daß sein Wille geschieht, und ich habe um einen reichen, gutaussehenden Ehemann gebetet – und den werde ich auch bekommen, weil Jesus mich liebt und will, daß ich glücklich werde.«

»Und, wenn du ihn nicht bekommst, heißt das dann, daß Gott dich nicht liebt?«

Ihre blauen Augen füllten sich mit Tränen. »Möchte er nicht, daß ich glücklich werde?« (Ihre Worte waren wie ein Echo der Worte Evas im Garten Eden.)

»Er möchte vor allem, daß du heilig bist.«

»Das heißt: elend und mit langem Gesicht. Ist es das, was Gott will? Ist es das, was Heiligkeit bedeuten muß?«

»Muß? Nein. Es muß nicht nur nicht so sein, sondern es kann gar nicht so sein. Wirkliche Heiligkeit kann unmöglich unglücklich und sauertöpfisch machen, Anne. Heiligkeit bedeutet ›Ganzheit‹. Das Wort kommt aus der gleichen sprachlichen Wurzel wie ›heil‹. Und heil, das heißt gesund und munter, erfüllt.«

»Nun, das ist doch das gleiche wie glücklich.«

»Ja, genau das bedeutet es auch. Das Problem beginnt erst, wenn wir uns eigene Vorstellungen über Glück machen und dann erklären, daß Gott uns nicht liebt, wenn wir nicht genau das bekommen, was wir uns gedacht haben. Wir geraten dann in einen Sumpf von Selbstmitleid mit dem Gedanken: Gott haßt mich.«

»Aber gerade hast du selbst gesagt, daß Gott möchte, daß wir glücklich sind. Dann muß es doch sein Wunsch sein, uns zu geben, was wir uns wünschen, oder nicht? Ich meine natürlich innerhalb vernünftiger Grenzen.«

»Er wollte auch, daß Adam und Eva glücklich seien, aber er gab ihnen nicht alles, was sie sich wünschten. Er wußte, daß es den Tod für sie bedeuten würde. Darüber ärgerten sie sich und dachten, daß er sie nicht liebte und ihnen aus Geiz verbot, die Frucht anzurühren. Sie trauten der Schlange mehr Urteilsvermögen zu als Gott.«

Bei einem Seminar wurde mir ein Stück Papier zugeschoben, auf dem folgende Frage stand: »Was würden Sie tun, wenn Sie das Gefühl hätten, an einem Punkt angekommen zu sein, an dem das Alleinsein Ihre Persönlichkeitsentfaltung hindert? Wie lange würden Sie das aushalten?«

Zum Glück war ich nicht auf dem Podium, als die Frage kam.

Wahrscheinlich hätte ich ein Lächeln nicht unterdrücken können. Ich spielte mit dem Gedanken, eine scherzhafte Antwort zu geben: »Ich würde drei Tage warten und dann auf die Straße gehen und entweder jemanden bitten, mich zu heiraten – oder mich aufhängen«.

Aber natürlich sagte ich das doch nicht. Der entscheidende Punkt an der Sache war die Wendung: » ... an dem das Alleinsein Ihre Persönlichkeitsentfaltung hindert«. Ist das wirklich die Auswirkung von Alleinsein? Heißt das, daß nur durch die Ehe ein tiefes persönliches Wachstum gewährt wird? Wie ist Jesus dann zurechtgekommen als alleinstehender Mann?

Ich fürchte, daß es die »Schlange« war, die zu dieser Frau gesprochen hatte. Sie hatte sich an sie herangemacht und geflüstert: »Gott ist geizig. Er läßt diese wunderbare Frucht ›Ehe‹ vor deinen Augen hin- und herbaumeln und gibt sie dir nicht. Er verweigert dir das einzige, das du zur umfassenden Persönlichkeitsentwicklung brauchst und das dich wirklich glücklich machen würde.«

Gottes Wille und meine Wünsche

Bei der ersten Verabredung, die Jim mit mir traf, besuchten wir gemeinsam eine missionarische Veranstaltung in Chicago. Es überraschte mich nicht, daß er einen solchen Anlaß wählte statt eines Konzertes oder eines gemeinsamen Essens im Restaurant. Die Rednerin, eine der Töchter des berühmten Afrika-Missionars C.T. Studd, sprach von den letzten Stunden ihres Vaters. Er lag in seiner Hängematte und ließ den Blick durch die kleine Hütte und über seine wenigen Besitztümer schweifen. »Ich wünschte, ich könnte jedem von euch etwas hinterlassen«, sagte er zu den wenigen Menschen, die um ihn standen, »aber alles, was ich hatte, habe ich schon vor langer Zeit Jesus gegeben.«

1. Mai 1948
Heute wurde ich hart angefochten. Mit der internen College-Post kam ein Brief, der mich auf die Knie brachte. Wie gnädig war der Herr, daß er mich an 1. Johannes 1, 7 erinnerte: »Wenn wir aber im Licht wandeln, wie er im Licht ist, so haben wir Gemeinschaft untereinander, und das Blut Jesu, seines Sohnes, macht uns rein von aller Sünde.«
Halt mich fest auf deinen Wegen, denn ich bin dein Eigentum.

2. Mai
Ich habe den ganzen Morgen mit Gott verbracht. Es regnete zu stark, um in die Kirche zu gehen. Ich weiß einfach nicht, wie ich mit dieser neuen Sache fertig werden soll. Ich bin bereit, Gottes Willen zu tun, aber ich weiß nicht, ob meine Wünsche unrecht sind und »ausgerissen« werden sollten.

3. Mai
Heute habe ich mich Gott völlig hingegeben.

Der Brief war natürlich von Jim. Er bekannte, daß er an dem Abend unserer Verabredung irgendwie »aus der Bahn« geraten sei. Das ganze war für mich ein bißchen undurchsichtig, aber ich hatte das Empfinden, als ob ich mich eventuell falsch verhalten hätte. »Diese neue Sache« war ein starkes Gefühl, das gerade in dem Augenblick in mir erwachte, als ich dachte, es gelernt zu haben, wie man im Willen Gottes ruhen kann. Nun war ich wieder sehr ruhelos.

Der Herr hatte dem König David befohlen, auf der Tenne Araunas, des Jebusiters, einen Altar aufzurichten. Als der König Arauna fragte, ob er die Tenne kaufen könne, bat dieser ihn, das Grundstück als Gabe von ihm anzunehmen. »Nein«, sagte der König, » ... ich will dem Herrn, meinem Gott, nicht Ganzopfer bringen, die mich nichts gekostet haben ...« (nach 2. Sam 24,24).

Herr, sagte ich, hier ist mein Herz.

4. Mai

Weitere Prüfungen an diesem Tag. Gott fragt mich eindringlich: »Liebst du mich?« und ich entdecke, daß ich der Frage ausweiche. Dann kommt die Antwort. »Ja, Herr!« Der Kampf zwischen Fleisch und Geist wird mir bewußt – der Geist ist willig, aber das Fleisch ist schwach. Offensichtlich habe ich diese Prüfung nötig.

Halte du dein Kreuz zwischen uns, du segensreicher Herr. Laß uns dich lieben. Deine Kraft macht es uns möglich, uns zu deinen durchbohrten Füßen niederzuwerfen – es gibt keinen anderen Platz für uns, an dem wir uns treffen könnten.

Mach du uns fest wie einen harten Stein,
dein Wille, Herr, sei unser Ziel allein.
O Gott, laß unsre Herzen dich nur kennen –
verzehre alles und laß deine Liebe brennen.

5. Mai

Jim und ich lernten zusammen, wie wir es montags, mittwochs und freitags immer tun.

6. Mai

Wer hätte gedacht, was ein paar Tage alles hervorbringen können? Wie kann Gott seinen Willen in mir verwirklichen, wenn ich mit eigenen Wünschen vollgestopft bin? Dein Wille geschehe!

Ich war wirklich vollgestopft mit eigenen Wünschen! Ich wünschte, daß meine Wünsche dem entsprächen, was Gott wünschte, und wenn meine Wünsche mit den Wünschen Gottes nicht übereinstimmten, dann wünschte ich, ich könnte wünschen, daß meine Wünsche verschwinden würden; aber die Wünsche waren immer noch da.

9. Mai
Von den größten Wonnen, die die Erde uns zu geben vermag, kommen wir dennoch unbefriedigt zu dir zurück. »Jesu, meine Freude...!«

12. Mai
Jim Elliot wurde für's nächste Jahr zum Präsidenten des Arbeitskreises für äußere Mission gewählt.

Ich will dir den Weg zeigen

»Aber wie in aller Welt kann ich herausfinden, was Gott von mir will, wenn ich nicht einmal weiß, was *ich* will?« Die Logik dieser Frage leuchtet mir zwar nicht ein, aber sie wurde mir mehr als einmal gestellt. Warum fängt man nicht ganz einfach damit an, Gott zu erklären, daß man alles tun will, was er sagt? Wir sind die Diener. Er ist der Herr. Das ist der einzig vernünftige erste Schritt, den man in dieser Situation tun kann. Außerdem könnte es sogar sein, daß sein Wille etwas ist, was uns gefällt.

Joan Schuman, die Vorsitzende des Studentendienstes von Massachusetts, sagte von den Teenagern der achtziger Jahre: »Was mir am meisten an ihnen auffällt, ist ihr Egoismus. Die erste Frage ist immer: Was habe *ich* davon? – Was mit meinem Nächsten passiert, ist mir egal!«

Die jährlich Abertausende von ungewollten Schwangerschaften bei unverheirateten Frauen unter zwanzig Jahren scheinen die Beobachtung von Frau Schuman zu bestätigen. Sie nehmen sich, was sie sich wünschen. Wo lernen sie das? Manche sicher traurigerweise von ihren Eltern, die ihre Verantwortung für die eigene Ehe, für das Heim und die Kinder zugunsten eines anderen Lebensstils, eines anderen Partners oder einer anderen Karriere beiseite schieben – sie greifen nach allem, was ihnen Glück verspricht, und das wirkliche Glück entzieht sich ihnen immer wieder. Wenn ein Elternteil durch sein Verhalten zum Ausdruck bringt: »Es ist mein Leben und das will ich für mich leben, ihr anderen könnt bleiben, wo der Pfeffer wächst«, dann passen sich die Kinder diesem Lebensstil an. Wer zeigt ihnen denn einen anderen Weg?

Es wäre töricht zu leugnen, daß auf einem solchen Weg nicht auch einiges an Vergnügen zu finden wäre. Da erlebt man Spannung und Befriedigung, macht Erfahrungen.

Sie suchen, was sie nicht finden
in Liebe und Ehre und Glück.
Und sie kommen belastet mit Sünden
und unbefriedigt zurück.

Eleonore von Reuß

Doch es gibt noch einen anderen Weg: zu lieben, was Gott befiehlt, und zu wünschen, was er verspricht. Man findet diesen Weg nur durch Gebet und Gehorsam. Er durchkreuzt den anderen und führt uns dahin, wo die Dinge nicht von wechselnden Moden und Meinungen abhängig sind. Es ist ein Ort, wo das Herz eines Mannes sicher ruhen kann – und das Herz einer Frau ebenfalls.

Es ist eine Ruh vorhanden
für das arme, müde Herz;
sagt es laut in allen Landen:
Hier ist gestillet der Schmerz.

Eleonore von Reuß

»Alle eure Sorge werft auf ihn; denn er sorgt für euch.«
1. Petrus 5, 7

»Sorgt euch um nichts, sondern in allen Dingen laßt eure Bitten in Gebet und Flehen mit Danksagung vor Gott kundwerden.« *Philipper 4, 6*

»Darum sage ich euch: Sorgt nicht...« *Matthäus 6, 25*

merimna – »Sorge, Gedanken, Unruhe, Kummer«
merimnao – »ängstlich sein, beschwert sein, ernstlich darüber nachdenken«

Das Tagebuch sagt nichts darüber aus, wegen was ich mir an jenem Tag Sorgen machte, als ich die obigen Bibelverse abschrieb und mir die Bedeutung der im Urtext stehenden griechischen Wörter klarmachte. Es ist offensichtlich, daß die Ängste, die mich überschatteten, dahingingen, daß ich den Pfad der Gerechtigkeit verlassen könnte. Zwar war es immer noch besser, diese Sorge zu haben, als in einer zu selbstsicheren Sorglosigkeit gleichgültig zu werden. Doch die darauffolgenden Jahre haben mir ständig aufs neue bewiesen, daß ein Mensch, der sich darauf eingestellt hat, den Willen des Vaters zu tun, keine Niederlage zu befürchten braucht. Auf die Verheißung seiner Führung darf man sich hundertprozentig verlassen. Wie könnte dem guten Hirten weniger daran liegen, seine Schafe dahin zu bringen, wo er sie haben will, als sie selbst sich bemühen, dorthin zu gelangen?

> »Ich will dich unterweisen und dir den Weg zeigen, den du gehen sollst; ich will dich mit meinen Augen leiten. Seid nicht wie Rosse und Maultiere, die ohne Verstand sind, denen man Zaum und Gebiß anlegen muß; sie werden sonst nicht zu dir kommen. Der Gottlose hat viel Plage; wer aber auf den Herrn hofft, den wird die Güte umfangen.
> Freuet euch des Herrn und seid fröhlich ...« (Ps 32,8–11).

Sonne und Regen

Eine völlige Hingabe an den Herrn Christus, zu der ich fest entschlossen war, und die so sehr ersehnte Hingabe an Jim Elliot schienen miteinander im Konflikt zu stehen. Die Nachfolge Jesu zwingt meistens zur Wahl zwischen Gehorsam und eigenem Wunsch. Trotzdem schließen sich beide aber nicht notwendigerweise aus. Wenn unsere Herzen sich dem Gehorsam verschrieben haben, können wir sicher sein, daß uns die nötige Weisheit geschenkt wird, um zwischen Konflikt und Harmonie unterscheiden zu können. Doch das kann ein langsamer und schmerzlicher Prozeß sein.

An einem Feiertag nahm der Missionsarbeitskreis das Frühstück im Freien ein, an einer Stelle, die »Lagune« hieß. Als das Frühstück beendet war, gehörte ich zum »Aufräumkommando«. Jim ebenfalls. Natürlich behielt ich ihn immer irgendwie im Auge. Als wir fertig waren, schaute ich mich um und sah Jim mit zwei Freunden auf einem der Tische sitzen. Bill und Van unterhielten sich, Jim schaukelte mit den Beinen und starrte mich an. Alle anderen waren schon gegangen. Er sprang vom Tisch und lief zu mir herüber. Ich kippte gerade den letzten Abfall in einen dafür bereitstehenden Kübel.

»Gehst du jetzt heim?« fragte er.

»Ja. Was ist mit Bill und Van, kommen sie mit?«

»Die sind in ein Gespräch vertieft, lassen wir sie!«

Einen halben Häuserblock hatten wir bereits schweigend hinter uns gelassen. Dann sagte Jim plötzlich: »Wir müssen offen darüber reden, wie wir füreinander fühlen.« Mir stockte der Atem. Keine einleitenden Worte, nichts. Einfach so. Peng! Jetzt kam die Offenbarung, auf die ich gehofft hatte – er hatte *tatsächlich* Gefühle für mich. Und er nahm an, daß es mir genauso ging. Ein bißchen ärgerte mich seine Vermutung – da sie mir anmaßend erschien und ich der Meinung war, meine Sympathie für ihn sehr gut verborgen gehalten zu haben. Was sollte ich nun antworten?

»Füreinander fühlen? Du meinst ...?«

»Nun komm, Betty! Sag mir nur nicht, du wüßtest nicht, daß ich in dich verliebt bin?«

»Ich hatte keine Ahnung.«

»Wirklich nicht? Aber das kann ich nicht verstehen! Wenn du das nicht gemerkt hast – dann mußt du mich für einen unwahrscheinlich zuvorkommenden jungen Mann gehalten haben. Ich hab mir ein Bein ausgerissen, um dir nahe zu sein, nett zu dir zu sein, dir ohne Worte zu zeigen, wie ich fühle. Willst du wirklich sagen, du hättest das nicht gemerkt?«

»Natürlich habe ich das. Aber ich fürchtete mich, meinen Augen zu trauen. Ich sagte mir immer wieder, daß es einfach nicht sein könnte, daß du an mir Interesse hättest, geschweige denn ...«

»Verliebt sein könntest. Genau das ist es, was ich dir sagen muß. Hey, wir gehen jetzt nicht heim zum Unigelände! Laß uns zu der Lagune zurückkehren und über alles sprechen!«

Sieben Stunden später standen wir vor meinem Wohnheim, von der Sonne verbrannt, eingehüllt in einen Regenbogenschleier, und verabschiedeten uns.

Ich ging die Treppe hinauf zu meinem Zimmer, dankbar für das kleine Kämmerchen, das ich nun zum Nachdenken hatte.

Regenbogen entstehen, wenn Sonnenlicht und Regen zusammentreffen. Das Sonnenlicht, das meine Welt in leuchtenden Farben erstrahlen ließ, war das Wissen, daß Jim Elliot mich liebte. Der Regen war die zweite Mitteilung, die er mir machte, als wir im Gras an der Lagune saßen – daß Gott ihn zur Ehelosigkeit berufen hatte. Vielleicht fürs ganze Leben, vielleicht auch nur, bis er die ersten Erfahrungen an dem Ort gemacht hätte, an den Gott ihn als Dschungelmissionar schickte. Ältere Missionare hatten ihm gesagt, daß für manche Aufgaben alleinstehende Missionare nötig seien, weil verheiratete sie einfach nicht tun könnten. Es gab Gebiete, in die Frauen nicht gehen konnten. Jim glaubte ihnen und weihte sich selbst dem Junggesellenleben, solange der Wille Gottes es erforderte.

3. Juni

»Wenn ich nur dich habe, so frage ich nichts nach Himmel und Erde.« *Psalm 73, 25*

»Und der Herr sprach zu Aaron: Du sollst in ihrem Lande kein Erbgut besitzen ..., denn ich bin dein Anteil und dein Erbgut ...« *4. Mose 18, 20*

»... (die) ihren Liebhabern nachläuft, mich aber vergißt, spricht der Herr.« *Hosea 2, 15*

»Ja, in Treue will ich mich mit dir verloben, und du wirst den Herrn erkennen.« *Hosea 2, 22*

»Ich habe den Herrn allezeit vor Augen ...«?? *Psalm 16, 8*

»Du tust mir kund den Weg zum Leben ...« *Psalm 16, 11*

»Erhalte meinen Gang auf deinen Wegen, daß meine Tritte nicht gleiten.« *Psalm 17, 5*

Ich war sehr vorsichtig mit dem, was ich in mein Tagebuch schrieb. Wohl nicht deshalb, weil ich fürchtete, daß jemand anderes meine Geheimnisse entdecken könnte. Ich glaube vielmehr, daß ich sogar vor mir selbst Angst hatte, Gefühle in Worte zu fassen, von denen ich mich vielleicht wieder lösen mußte. Es war besser, mich an das zu halten, was Gott mir sagte, als an das, was mein Herz mir sagte. Das schien mir der sicherste Kurs zu sein. Das sehe ich auch heute noch so. Der einzige Weg, ein »Haus auf Fels zu bauen«, ist, das Wort Gottes zu hören (ich hätte es leicht überhören können, wenn ich nur auf meine Gefühle geachtet hätte) und dann zu versuchen, danach zu handeln.

Die eben zitierten Bibelverse, die ich in mein Tagebuch schrieb, spiegeln Mahnungen und Sehnsüchte wider, die mein Denken beeinflußten. Zugegeben – sie sind etwas aus dem Zusammenhang gerissen, aber ich glaube, daß Gott sie mir gab, um mir damit zu jener Zeit gewisse Aspekte der Wahrheit zu zeigen. Der Heilige Geist wurde uns geschenkt, um uns in alle Wahrheit zu führen, aber er tut das nach und nach, nicht auf einen Schlag.

Aber du gehörst mir nicht

»Du wirst ihn erkennen, wenn er kommt –
nicht an lautem Trommelwirbel
noch am Brausen des Sturms
noch an irgendeinem äußeren Zeichen seiner Gegenwart,
weder an Krone noch Gewand.
Seine Gegenwart sollst du erkennen
an der heiligen Harmonie,
die sein Kommen in dir schafft.«

Unbekannt

In jenen Tagen nach unserem Gespräch an der Lagune betete ich um jene heilige Harmonie. Es schien unmöglich, daß der Sturm der Leidenschaft in den ruhigen Strom der Pläne Gottes für Jim und mich einmünden könnte, aber ich betete trotzdem darum.

Wir hatten dort am Wasser im Gras gesessen und uns darüber unterhalten, wie jeder von uns sich mit der Frage nach der Ehelosigkeit gequält hatte. Wir hatten nur allzu gut gewußt, daß die Chance, einen Lebensgefährten für das Missionsfeld zu finden, sehr begrenzt sein würde. Jim sagte, er hätte durchaus nicht die Absicht gehabt, sich nach einer Partnerin umzuschauen. Er hätte einfach die eine gefunden, die er sich gewünscht hätte.

»Wenn ich einmal heiraten sollte, dann weiß ich, wer es sein wird. Das heißt natürlich, wenn sie mich will.« Er zeigte sein einnehmendes Lächeln. Ich lächelte zurück. Er beeilte sich, hinzuzufügen: »Aber ich frage dich nicht. Ich kann es nicht tun, Betty, und du mußt das verstehen. Ich kann dich nicht fragen, ob du mich heiraten willst, und ich kann dich nicht bitten, dich zu irgendwelchen anderen Dingen zu verpflichten. Ich kann dich nicht einmal bitten zu warten. Ich habe alle meine Gefühle für dich an Gott abgegeben. Er kann damit machen, was er will.«

Konnte er das wirklich? Innerlich war ich voller Fragen. Ich dankte Gott für einen Mann, der »Ihn« an die erste Stelle seines

Lebens setzte. Ich hätte mich niemals groß für einen Menschen begeistern können, dessen geistlicher Hunger geringer gewesen wäre als meine eigene Sehnsucht nach Gott. Aber Jim war nicht nur geistlich. Er war auch sehr körperlich. Er hatte den Körperbau eines Ringers, eine breite Brust, muskulöse Arme und Beine. Er hatte braunes Haar, eine helle Haut, blaue Augen, wunderbare Zähne und ein festes, eckiges Kinn.

»Ich sehne mich nach dir, Betty«, hatte er gesagt. Er redete nie um den heißen Brei herum. »Wir gleichen uns völlig in unserem Verlangen nach Gott. Darüber bin ich froh. Aber wir sind auch verschieden voneinander. Ich habe den Körper eines Mannes und du den einer Frau, und – offen gesagt – ich begehre dich. Aber du gehörst mir nicht.«

Ich gehörte ihm nicht. Ich gehörte Gott. Soviel war klar. Aber was sollte Gott aus dieser ganzen Geschichte machen? Nahm er Anteil an der schmerzlichen Situation zweier Studenten? Oder hatte er noch gar nicht bemerkt, wie es uns ging?

Würde er sich um uns kümmern, wo er doch mit wer weiß wieviel Welten beschäftigt war?

> »Wer mißt die Wasser mit der hohlen Hand, und wer bestimmt des Himmels Weite mit der Spanne und faßt den Staub der Erde mit dem Maß und wiegt die Berge mit einem Gewicht und die Hügel mit einer Waage? Wißt ihr denn nicht? Hört ihr denn nicht? Ist's euch nicht von Anfang an verkündigt? Habt ihr's nicht gelernt von Anbeginn der Erde?
> Er thront über dem Kreis der Erde, und die darauf wohnen, sind wie Heuschrecken ...
> Hebet eure Augen in die Höhe und seht! Wer hat dies geschaffen? Er führt ihr Heer vollzählig heraus und ruft sie alle mit Namen; seine Macht und starke Kraft ist so groß, daß nicht eins von ihnen fehlt« (Jes. 40,12.21–22.26).

Kein einziger Stern, kein Planet, kein Meteorit, nicht einmal eins der schwarzen Löcher fehlt. Gott hat sie alle geschaffen. Er kennt ihre Namen, weiß ganz genau, wohin sie gehören. Sollte er uns aus den Augen verlieren?

> »Warum sprichst du denn, Jakob, und du, Israel, sagst: »Mein Weg ist dem Herrn verborgen, und mein Recht geht vor meinem Gott vorüber«?
> Weißt du nicht? Hast du nicht gehört? Der Herr, der ewige Gott,

der die Enden der Erde geschaffen hat, wird nicht müde noch matt, sein Verstand ist unausforschlich.
Er gibt dem Müden Kraft und Stärke genug dem Unvermögenden. Männer werde müde und matt, und Jünglinge straucheln und fallen; aber die auf den Herrn harren, kriegen neue Kraft, daß sie auffahren mit Flügeln wie Adler, daß sie laufen und nicht matt werden, daß sie wandeln und nicht müde werden« (Jes 40, 27–31).

Bohrender Schmerz

1. Juni 1948
Die Sonne schien, und ich sandte ein Gedicht an Jim.

2. Juni
»Der Staub von Worten ist hinderlich« (Jim).

3. Juni
Jim schenkte mir ein wundervolles kleines, in Leder gebundenes Kirchenliederbuch. Auf dem ersten Blatt stand: »Für Betty … ›Ich will beten mit dem Geist und will auch beten mit dem Verstand; ich will Psalmen singen mit dem Geist und will auch Psalmen singen mit dem Verstand … Ermuntert einander mit Psalmen und Lobgesängen und geistlichen Liedern, singt und spielt … und sagt Dank …‹ (1. Kor 14, 15; Eph 5, 19–20). Möge Gott uns mehr zeigen von ›τὰ περὶ ἑαυτοῦ‹ (Lk 24, 27). Jim.«

4. Juni
Große Schwierigkeiten beim Studieren. Konnte nicht einschlafen. Konnte beim Frühstück kaum etwas essen.

Am 5. Juni schrieb Jim:

»O Herr, gegen den Überdruck der siedenden Gefühle in meiner Brust, das Bombardement der Leidenschaften und das Auf und Ab der Sehnsüchte, den in die tiefsten Tiefen sickernden Schmerz des inneren Menschen bau du die undurchdringlichen Mauern aus dem kieselharten Stoff, aus dem dein Sohn gemacht war.
Ja, baue du in mir die nach allen Seiten befestigten Mauern des Glaubens aus, die den Strömungen der seelischen Gezeiten Widerstand zu leisten vermögen.
Laß mich diesen neuesten Angriff ertragen, das bitte ich in Jesu Namen.«

Am nächsten Abend machten wir einen langen Spaziergang zusammen und sprachen über die Schlüsselworte, die jeder von uns gefunden hatte. Jim war durch Matthäus 19,12 sehr stark angesprochen worden: »Denn einige sind von Geburt an zur Ehe unfähig; andere sind von Menschen zur Ehe unfähig, und wieder andere haben sich selbst zur Ehe unfähig gemacht um des Himmelreiches willen. Wer es fassen kann, der fasse es.« Jim hatte sich selbst in die letzte Kategorie eingeordnet. Er war bereit, auf die Ehe zu verzichten, wenn das in seinem Fall notwendig sein sollte, um Gott gehorchen zu können. Soviel er von sich sagen konnte, war er in der Lage, diesen Weg zu akzeptieren, wenigstens soweit er es für den Augenblick erkannte. Meine Schlüsselworte standen in Jesaja 54,5: »Denn der dich gemacht hat, ist dein Mann – Herr Zebaoth heißt sein Name« und 1. Korinther 7,34–35: »Und die Frau, die keinen Mann hat, und die Jungfrau sorgen sich um die Sache des Herrn, daß sie heilig seien am Leib und auch am Geist; aber die verheiratete Frau sorgt sich um die Dinge der Welt, wie sie dem Mann gefalle. Das sage ich zu eurem eigenen Nutzen; nicht um euch einen Strick um den Hals zu werfen, sondern damit es recht zugehe, und ihr stets und ungehindert dem Herrn dienen könnt.«

Kein Christ sollte für sich selbst die Möglichkeit ausklammern, daß das sein Auftrag ist. Ich wunderte mich sehr, wie weitgehend unsere Gedanken in diesem Punkt – wie auch in anderen Dingen – übereinstimmten. Wir warnten uns aber gegenseitig vor der Gefahr, uns von einer solchen Übereinstimmung gefangennehmen zu lassen. Es gibt mehr Sünde, die mit dem Hinweis auf ein auffälliges Zusammentreffen verteidigt wird – »das sollte bestimmt so sein«, heißt es dann –, als mancher sich träumen läßt, oder als er es zugibt. Wir kamen zu dem Ergebnis, daß es am besten war, weiterhin beständig zu beten und geduldig zu warten, bis Gott den Weg ebnen würde.

Im Wartezimmer Gottes

Ich übte mich im Warten. Die meisten Menschen bringen es von Natur aus nicht fertig, das in Geduld zu tun. Aber es ist eine wichtige Lektion für alle, die es lernen wollen, Gott zu vertrauen.

> ***9. Juni 1948***
> *»Leite mich in deiner Wahrheit und lehre mich! Denn du bist der Gott, der mir hilft; täglich harre ich auf dich.« Psalm 25,5*
> *Auf den Herrn zu warten, heißt vollkommen still zu stehen ...*
> *Können wir beide seinen Worten trauen: »Ist nicht der Herr, euer Gott, mit euch und hat euch Ruhe gegeben ringsumher?« 1. Chronik 22,18*
> *Letzte Nacht las ich in »Windows« von Amy Carmichael: »Kahle Höhen der Einsamkeit ... eine Wüste, deren sengende Winde über glühenden Sand streichen, was bedeuten sie ›Ihm‹? Selbst da kann ›Er‹ uns erfrischen, selbst da kann ›Er‹ uns erneuern.«*

Am Abend des gleichen Tages – am 9. Juni – gingen Jim und ich über einen Friedhof und setzten uns auf eine Grabplatte. Ich sagte ihm, daß es meiner Meinung nach nicht gut wäre, wenn wir uns ab sofort regelmäßig schreiben würden. Hätte es nicht mehr Sinn, die Sache »auf Eis zu legen«? Diesen Ausdruck gebrauchten wir damals nicht, aber das war gemeint. Abstand und Schweigen würden uns eine andere Perspektive der Dinge geben und uns helfen, die Situation nüchtern zu betrachten.

Jim dachte ein paar Minuten darüber nach. Dann sprach er von der Geschichte, die er am Morgen in seiner Bibellese gefunden hatte – die Geschichte, bei der Abraham das Kostbarste, was sein Leben enthielt, seinen Sohn Isaak, opfern mußte. »So lege ich dich nun auf den Altar«, sagte er.

Allmählich merkten wir, daß der Mond, der hinter uns aufgestiegen war, den Schatten eines Steinkreuzes zwischen uns auf die Platte warf, auf der wir saßen.

Lange blieben wir still und dachten über die Bedeutung dieses für uns unleugbaren Zeichens nach. Was Abraham damals getan hatte, war das antike Vorspiel zu der vollen Offenbarung der Liebe Gottes gewesen. Wir dachten an seine Bereitschaft, den Sohn hinzugeben, und an den Lohn, der ihm deswegen verheißen worden war – wieder wurde uns die zentrale Wahrheit des Kreuzes in einer geheimnisvollen Weise nahegebracht. Als die Stille drükkend wurde, sagte Jim: »Und was soll mit der Asche werden?« Die Zeit würde es offenbaren.

> »Aber nun sei stille zu Gott, meine Seele; denn er ist meine Hoffnung. Er ist mein Fels, meine Hilfe und mein Schutz, daß ich nicht fallen werde.
> Bei Gott ist mein Heil und meine Ehre, der Fels meiner Stärke, meine Zuversicht ist bei Gott. Wie köstlich ist deine Güte, Gott, daß Menschenkinder unter dem Schatten deiner Flügel Zuflucht haben« (Ps 62,6–8; 36,8).

Zuflucht – ein Dach über unseren Köpfen, eine schützende Hecke, Windschatten, ein warmer Mantel, ein Schutzwall gegen die Furcht, etwas so Kostbares wie die Liebe zu verlieren, gegen die Angst, ein Leben der Einsamkeit führen zu müssen, ohne den einzigen Menschen, von dem ich glaubte, daß ich ihn jemals lieben könnte. Schutz gegen Angriffe – gegen aufwallende Zweifel daran, daß Gott die Verantwortung für alles übernehmen würde, wenn ich ihm einfach vertraute – wenn er es nun nicht täte?

Still zu warten ist das Schwerste. Ich sehnte mich so schrecklich danach, mit Jim und über ihn zu reden. Aber wir müssen lernen, über die Dinge, die uns am tiefsten bewegen, still zu sein – wenigstens, bis wir sie mit Gott durchgesprochen haben.

Lukas berichtet uns in seinem Evangelium (Lk 21,37), daß Jesus, als er jeden Tag im Tempel lehrte, die Nächte auf dem Ölberg verbrachte. Die Worte, die er dem Volk sagte, kamen aus der ungestörten Stille auf jenem Hügel außerhalb der Stadt, wo er unter schweigenden Sternen mit dem Vater redete.

Drei Tage vor meinem Staatsexamen verbrachten Jim und ich einen Nachmittag in einem kleinen Park. Wir sprachen sehr wenig, freuten uns am Sonnenschein, an den Blumen, dem See, den Vögeln und Insekten. Ich bin sicher, daß mein Herz zum

Bersten voll war mit Dingen, die ich gern ausgesprochen hätte (Dinge wie »Ich liebe dich, ich kann ohne dich nicht leben. Wie kannst du mir das antun? Ich kann es nicht mehr ertragen«, und all die anderen verzweifelten Sachen, die Frauen sich immer von der Seele reden wollen). Doch ich hielt mich zurück. Das war allerdings auch alles, was ich tun konnte. Ich bin sicher, daß es für mich selbst so das Beste war.

»Verpasse keine Gelegenheit, deinen Mund geschlossen zu lassen« ist eine gute Regel und stimmt mit der Bibel überein: »Wo viel Worte sind, da geht's ohne Sünde nicht ab; wer aber seine Lippen im Zaum hält, ist klug« (Spr 10,19), »Wer seine Zunge hütet, bewahrt sein Leben« (Spr 13,3), »Wer sich zurückhält beim Reden, hat tiefe Einsicht« (Spr 17,27; Einheitsübersetzung).

Unsere beiderseitige Freude an Sonne, See und Vögeln war an jenem Nachmittag eine wohltuende und uns nicht gefährdende Art der Kommunikation. Gottes Zeit für weitere Offenbarungen des Herzens kam vielleicht später einmal. Das Morgen war nicht unsere Sache, sondern seine. Den Gedanken daran vor ihm ruhen zu lassen, war das, was wir heute lernen mußten – und das war genug.

»Glauben Sie, daß Gott es mir eindeutig klarmachen wird, ob er mir einen Mann schenken will? Irgendwie habe ich das Gefühl, in einem Wartezimmer zu sitzen, und ich wüßte gerne, wie lange das noch dauern soll.« Das sind Zeilen aus einem Brief, den ich 1982 erhielt. Er hätte von mir selbst im Jahr 1948 geschrieben sein können. Genauso fühlte ich mich. »Wenn Gott es mich doch nur wissen lassen würde.« Aber es gab natürlich auch noch die Möglichkeit, daß er mir die Ehe versagen würde. Wollte ich diese Gewißheit haben? War ich darauf vorbereitet?

Vielleicht war es besser zu hoffen als zu wissen. Die »Warteschleife« scheint ein wichtiger Aspekt des Rechnens mit Gott zu sein. Wer schon mit dem Flugzeug geflogen ist, kennt bestimmt dieses Gefühl: Der Flug ist schon fast zu Ende, die Maschine senkt sich bereits auf die Stadt, in der wir landen sollen, herab, und dann merken wir, daß sie wieder anzieht, sich seitlich neigt und zu kreisen beginnt. Als Nächstes kommt eine Ankündigung über den Lautsprecher: »Meine Damen und Herren, hier spricht Ihr Kapitän. Wegen des starken einfliegenden Verkehrs hat der Turm uns in eine Warteschleife verwiesen.« Die Leute stöhnen. Wir schauen hinaus und sehen die gleiche Umgebung wie vor fünfzehn Minuten. Wir denken an die Menschen, die uns auf dem Flughafen erwarten. Wir werfen einen Blick auf die Uhr und stellen uns vor, was geschieht, wenn wir eine Verabredung nicht einhalten können. Wir hoffen, daß der Kapitän uns bald ganz genau sagt, wie lange es noch bis zur Landung dauert. Wie lange soll das Kreisen noch anhalten?

S.D. Gordon beschreibt in seinem Buch über das Beten die Bedeutung des Wartens.[3] Es sei:

»Beständigkeit, die anhält,
Geduld, die sich zurückhält,
Erwartung, die das Gesicht nach oben hält,
Gehorsam, der in Bereitschaft zu gehen oder zu handeln hält,
Hören, das stillhält, damit es hört.«

Wie lange, Herr, muß ich noch warten?
Mach dir keine Gedanken, Kind! Vertraue mir!

Die Opfer, die wir Gott bringen

Ein paar Tage blieben uns noch, bis Jim und ich uns trennen mußten. Einmal gingen wir noch zur Lagune. »Es wird hart werden«, sagte Jim, »schwerer, als wir es uns denken können.« Am nächsten Abend, einem Sonntag, war keine Zeit mehr, den langen Weg zur Lagune zu machen. Da gab es nur ein Feld in der Nähe der Universität, wo wir uns auf einer Decke niederließen. Der Tau fiel bereits und ruinierte meine Frisur.

»Ach Mensch, dein Haar wird ja ganz glatt«, sagte Jim – gerade, als ich hoffte, er würde es nicht merken. Ich glaube, dieser Abend war das erste Mal, daß Jim mich berührte. Er fuhr mit dem Fingerrücken an meiner Wange entlang. Es war nur eine winzige Geste, aber voller Bedeutung. Tausendmal habe ich später daran gedacht.

An jenem Tag hatte in der Bibellese gestanden: »und alles, was Feuer verträgt, sollt ihr durchs Feuer gehen lassen, so wird es rein ...« (4. Mose 31, 23), »denn der Herr, euer Gott, versucht euch, um zu erfahren, ob ihr ihn von ganzem Herzen und von ganzer Seele liebhabt« (5. Mose 13,4), »denn Gott, du hast uns geprüft und geläutert, wie das Silber geläutert wird« (Ps 66,10).

Unsere Liebe mußte einer schweren Prüfung unterzogen werden. Reinheit hat einen hohen Preis. Und es geht kein Weg daran vorbei. Es schien mir, als ob jedes Buch, das ich aufschlug, mich an das gleiche geistliche Prinzip erinnerte. In »Mein Äußerstes für sein Höchstes« las ich:

> Was war für dich in dieser letzten Zeit wie Wasser aus dem Brunnen von Bethlehem – Liebe, Freundschaft, geistliche Segnungen? Du nimmst dieses Wasser, um deinen eigenen Wunsch damit zu befriedigen, auf die Gefahr hin, daß deine Seele Schaden leidet. Wenn du das tust, kannst du es nicht ausgießen vor dem Herrn. Du kannst dem Herrn nie etwas weihen, womit du deinem eigenen Wunsche genügen möchtest.

> Wie kann ich natürliche Liebe oder geistliche Gabe vor dem Herrn ausgießen? Nur in einer Weise – durch einen inneren Entschluß. Es gibt gewisse Taten unserer Mitmenschen, die wir niemals annehmen könnten, wenn wir Gott nicht kennen würden, weil es nicht in unserer menschlichen Macht liegt, sie zu vergelten. Doch sobald ich sage: ›Das ist zu groß und wertvoll für mich; es ist überhaupt nicht für ein Menschenwesen bestimmt; ich muß es dem Herrn ausgießen‹, fließen diese Dinge in Strömen lebendigen Wassers rings von mir.[4]

Oswald Chambers bezieht sich in dieser biblischen Besinnung auf ein Ereignis aus dem Leben Davids, als dieser auf der Flucht vor seinen Feinden eine plötzliche Sehnsucht nach Wasser aus Bethlehem verspürte. Drei seiner Männer holten ihm das begehrte Wasser und riskierten dabei ihr Leben. Und dann goß David es vor ihren Augen aus, weil er mit diesem Wasser nicht »das Blut seiner Männer« trinken wollte (2. Sam 23, 14–17).

Gott zeigt uns die Dinge, die wir opfern sollen. Manchmal erscheint das Opfer in den Augen anderer wenig sinnvoll, doch wenn wir es ihm darbringen, wird es in jedem Fall angenommen. Was war der Sinn, als Gott Abraham aufforderte, seinen geliebten Sohn Isaak zu opfern? Die Geschichte ist schon oft als heidnisch angegriffen und völlig mißverstanden worden. Unsere Opfer für Gott werden wahrscheinlich oft als ebenso sinnlos oder sogar fanatisch angesehen, doch er nimmt sie an. Jesus nahm das kostbare Salböl aus den Händen der anbetenden Frau an, obwohl die Anwesenden das für eine sinnlose Verschwendung hielten (Mk 14, 3–9). Das war eine Lektion, deren Bedeutung ich im Jahr 1948 nur unklar erahnen konnte, aber sie ist für mich immer verständlicher geworden, je länger ich mit Gott gehe. Manchmal habe ich versucht, es Menschen zu erklären, die allein waren und sich nach Liebe sehnten. »Gebt die Sehnsucht an Jesus ab«, riet ich ihnen. Die Einsamkeit selbst ist etwas, das man opfern kann. Gerade die Sehnsüchte sollten ihm geweiht werden, er versteht uns vollkommen. Die Umwandlung unseres Opfers in etwas, das er zum Guten für andere benutzen kann, findet nur statt, wenn die Gabe in seine Hände gelegt wird.

Was wird der Herr mit solchen Opfer anfangen? Das braucht uns nicht zu kümmern. Er weiß schon, was er tut.

Morgens fand meine Examensfeier statt. Nachmittags fuhr Jim mich zum Bahnhof in Chicago. Ich wünschte mir, daß er allen Zwang abwerfen, mich fest in die Arme schließen und mich küssen würde, ohne einmal zwischendurch Luft zu holen – bis der Zug sich in Bewegung setzte. Das wünschte sich der eine Teil von mir. Der andere Teil sagte Nein.

Es war eine lange Nacht, diese Fahrt nach Oklahoma. Bei jedem Halt wachte ich auf und versuchte nachzurechnen, wie weit ich jetzt schon von Jim weg war. Ich dachte daran, daß er im Gastzimmer seiner Tante wahrscheinlich fest schlief (und vielleicht träumte er auch?).

Wenigstens hatte Jim beim Abschied meine zuckenden Lippen und die Tränen nicht gesehen. Nachdem wir uns die Hand gegeben hatten (mehr als ein kurzer Händedruck war es nicht gewesen), blieb er stehen, während ich auf dem Bahnsteig fast den ganzen Zug entlanglief bis zu dem Wagen, wo ich meinen Platz hatte. Aus dieser Entfernung winkte ich ihm beim Einsteigen noch einmal zu.

Liebe und Ehre

Klingt meine Geschichte seltsam? Überschreitet sie im ausgehenden zwanzigsten Jahrhundert die Grenze der Glaubwürdigkeit? Wenn ja, dann liegt es vielleicht daran, daß wir damals noch eine Vorstellung von Ehre hatten, die heute fast gänzlich verloren gegangen ist. Ehre ist die Treue gegenüber einem System von festen Werten und Beziehungen. Gibt es heute – selbst in der Vorstellung eines Christen – etwas, für das wir bereit wären, uns selbst zu opfern? Gibt es noch Ideale, klar umrissene Ziele, Beherrschung der Leidenschaft? Sicher gibt es das noch irgendwo, aber es ist schwer zu finden. Richard Lovelace vermittelt etwas davon, wenn er im siebzehnten Jahrhundert zu seiner Dame folgendes sagt, als er in den Krieg zieht: »Ich liebte dich nicht, wie ich's tu, liebt' Ehre ich nicht mehr.«

Ich schreibe das in der Hoffnung, daß diejenigen, die noch wissen, was Ehre ist, frohen Herzens erkennen, daß sie nicht allein sind. Es könnte ihnen guttun zu sehen, daß es selbst in der heutigen Zeit noch Menschen gibt, die anerkennen, daß es etwas Größeres als ihre Leidenschaften gibt. Auch wenn es für den Rest der Welt nichts Wichtigeres zu geben scheint.

Die meisten Menschen sind bereit, für ihre Leidenschaften alles zu opfern – Sicherheit, Ehre, Selbstachtung, das Wohlergehen der Menschen, die sie lieben, den Gehorsam gegenüber Gott. Sie machen sich sogar selbst noch vor, daß sie Gott auf diese Weise gehorchen (oder daß er wenigstens nichts gegen ihre Haltung einzuwenden hat). Und dann beglückwünschen sie sich selbst, daß sie so frei, so ungezwungen, so mutig, so aufrichtig und so fortschrittlich sind.

Je größer die Möglichkeiten zur Entfaltung des Guten sind, um so größer sind auch die Möglichkeiten zur Entfaltung des Bösen. Das war es, was Jim und ich in der Macht der Liebe entdeckten, die wir füreinander empfanden. Diese natürlichen Wünsche waren eine gute und vollkommene Gabe. Aber um so wichtiger war es auch, daß diese Wünsche in Schranken gehalten, beherrscht, korrigiert und sogar gekreuzigt würden, damit sie in Kraft und Reinheit nach dem Willen Gottes ganz neu erstehen könnten.

Ich glaube nicht, daß wir jemals über den Begriff der Ehre sprachen. Jim ehrte mich als Frau. Wir sahen und fühlten die Andersartigkeit von Mann und Frau ganz klar und standen ihr ehrfürchtig gegenüber.

Ein System fester Werte und Beziehungen hielt uns getrennt. Jeder überließ den anderen in Ehrfurcht seinem wirklichen Eigentümer. Ihm gehörten wir beide, alle Rechte waren in seiner Hand, auch das Hoheitsrecht, etwas zu geben oder zurückzuhalten, wie es seinem Willen entsprach. Und dieser sein Wille war uns bis jetzt ein Mysterium geblieben. Ich vermute, daß nur wenige Menschen – selbst von denen, die die gleichen Wertmaßstäbe haben wie wir – einen so langen Prozeß durchmachen müssen. Vielleicht lernen die meisten ihre Lektion schneller als wir. Ich weiß es nicht. Für uns war das einfach der Weg, den wir zu gehen hatten. Jim sah es als seine Pflicht an, mich zu schützen, so weit er es vermochte. Und ich sah es als meine Pflicht an, geduldig zu warten und keinen Versuch zu machen, ihn zu bedrängen oder zu verführen.

Die Einschränkungen einer Liebe, die unter den Augen Gottes wächst, wurden einmal von Christina Rossetti auf wundervolle Weise zum Ausdruck gebracht:[5]

> »Trau mir, ich habe deinen lieben Tadel nicht verdient – Ich liebe – wie du es haben willst – Gott mehr als alles. Will ihn nicht missen – lieber dich, wenn es schon sein muß – auch nicht den glaubenslosen Blick nach hinten gerichtet wie Lots Weib, unfähig aufzugeben, was ich einst verließ. Doch weil ich meinen Gott mehr liebe als alles, was ich denken kann, so kann die Liebe, die ich fühl für dich, nie allzu mächtig sein. So laß mich dich nun lieben! Wie ich's verstehe, ist die Liebe so beschaffen, daß ich dich gar nicht lieben *kann,* wenn ›Er‹ für mich nicht über allem steht. Und ich kann ›*Ihn*‹ nicht lieben, wenn ich *dich* nicht liebe.«

Kleine Tode

Die Universität von Oklahoma, wo ich Sprachwissenschaften studierte, hatte ein riesiges Stadion. Den Sommer über war dort nichts los, und so kletterte ich oft nach dem Abendessen zu den obersten Reihen der Zuschauerplätze hinauf, um nach der sengenden Hitze des Tages eine frische Brise zu erwischen und mich an den großartigen Sonnenuntergängen Oklahomas zu freuen. Es war ein hübsches Plätzchen, wo ich ungestört denken, lesen und beten konnte.

Es beunruhigte mich, daß sich all mein Denken, Lesen und Beten um Jim Elliot drehte. Beim Nachdenken geisterte er vor meinem inneren Auge herum, zwischen allen Zeilen, die ich in der Bibel oder sonstwo las, tauchte sein Bild auf. Jim erschien mir plötzlich in den Lehrbüchern über Morphologie, Syntax oder Phonetik, deren Inhalte ich in meinen Kopf zu stopfen versuchte. Er lenkte mich vom Gebet ab. Es ist gut, daß der Herr sich über die erbarmt, die ihn fürchten, »denn er weiß, was für ein Gebilde wir sind; er gedenkt daran, daß wir Staub sind« (Ps 103, 13–14). Er liebte uns beide, wußte genau, wie sehr wir einander liebten und benutzte sogar die Umwege, um uns wieder nach Hause zu bringen. Jemand sagte einmal, daß Zahnweh, wenn man es hat, der schlimmste Schmerz der Welt ist. Krank sein vor Liebe mag verglichen mit manchen anderen Krankheiten als Lappalie erscheinen; aber wer daran leidet, ist wirklich krank. Unser himmlischer Vater versteht das. Er zieht uns beständig vorwärts auf dem Weg zur Herrlichkeit, wenn unser tiefstes Sehnen auf sein Reich gerichtet ist.

3. Juli

»Unser Herz ist nicht von dir abgefallen, noch unser Schritt gewichen von deinem Weg, daß du uns so erschlägst am Ort der Schakale und bedeckst uns mit Finsternis.« Psalm 44,19–20

Ich warte.
Lieber Herr, deine Wege
gehen über jedes Verstehen hinaus,
deine Liebe ist zu hoch.
Doch birg du mich unter deinem Schatten.
Es ist genug, daß du das Licht deines
Angesichtes leuchten läßt.
Ich warte –
weil ich den Auftrag dazu habe. Mein Geist
ist voll Verwunderung.
Meine Seele fragt »Warum?«
Doch dann höre ich das ruhige Wort
»Warte nur auf Gott.«
Und so warte ich –
nicht einmal auf das Licht, um den
nächsten Schritt zu sehen –,
sondern auf dich, lieber Herr!
Ich warte.

Jims Bruder Bert studierte mit mir zusammen. In der Kapelle konnte ich einmal einen schnellen Blick auf sein Profil werfen – er sah Jim ja so ähnlich. Nach dem Abendessen wechselten wir uns beim Klavierspielen ab und brachten uns gegenseitig unsere liebsten Lieder bei. Er sang wie Jim – von ganzem Herzen, ungeniert, mit der Stimme eines kräftigen Mannes. Seine Gegenwart erinnerte mich dauernd an Jim.

»Wenn der Wille Gottes den Willen des Menschen kreuzt«, so sagt Addison Leitch, »dann muß einer sterben.« Das Leben erfordert zahllose kleine Tode – Gelegenheiten, bei denen wir die Chance haben, nein zu unserem Ich und ja zu Gott zu sagen. Der Apostel Paulus schreibt: »Denn wir, die wir leben, werden immerdar in den Tod gegeben um Jesu willen ...« (2. Kor 4, 11). Nicht daß alles, was mit unserem Ich zu tun hat, in sich selbst böse wäre und den Tod verdiente. Das war auch nicht gemeint, als Jesus sagte: »... nicht wie ich will ...« (Mt 26, 39). In seinem Willen kann ja nicht ein Fünkchen Böses gewesen sein. Es ging vielmehr um die Entscheidung, um der Liebe Gottes willen *alles* aus der Hand zu geben – das Gute, das er getan hatte und das Gute, das er noch tun könnte, wenn ihm erlaubt wäre, weiter zu leben. Vor die gleiche Wahl werden wir gestellt. Berts Profil zu sehen, ihn singen zu hören, über den Segen der Ehe nachzudenken, wenn ich Paare beobachtete, die mit uns an der Universität im gleichen Semester studierten, mir die schmerzlich-schönen Stunden an der Lagune wieder ins Gedächtnis zu rufen, mir Jims Gesicht vorzustellen, als wir uns am Bahnhof verabschiedeten – das waren alles nur »kleine Tode«. Doch auch kleine Tode müssen gestorben sein, genau wie große. Jede Erinnerung, die ein Sehnen hervorrief, mußte geopfert werden.

Aber es gibt ein großes »Dennoch«, und das lautet: Wir sollen nicht sterben, um einfach nur tot zu sein. Wie sollte Gott das für seine Geschöpfe wollen, denen er doch selbst den Lebensatem eingehaucht hat? Nein, wir sterben, um zu leben.

Ein Samenkorn fällt in die dunkle Erde und stirbt. Aber aus diesem Tod erwächst vielfaches Leben. Franz von Assisi betete: »Denn, wer da hingibt, der empfängt, wer sich selbst vergißt, der findet, wer verzeiht, dem wird verziehen, und wer da stirbt, der erwacht zum ewigen Leben.«

Man muß Glauben haben, um daran festzuhalten, wie auch der Bauer Glauben haben muß, wenn er seinen Samen ausstreut. Man muß Glauben haben, um in dieser Gewißheit zu leben, Glauben, um danach zu handeln, Glauben, um den frohen Ausgang der Dinge zu sehen. Mangel an Glauben führt hier unweigerlich zu Bitterkeit und später zu Depressionen. Die Zerstörung nimmt dann unweigerlich ihren Lauf.

Leben aus dem Tod

4. Juli, Oklahoma

Habe wieder einen dieser langen, herrlichen Abende mit Sonnenuntergang verbracht – auf den höchsten Rängen des Stadions. Dort lernte ich unter Gebet und Meditation drei Dinge:

1. Es war ein winziges Stückchen Regenbogen zu sehen – nur das Ende eines Farbstreifens in den Wolken – aber ich wußte, daß es für mich war. Es war das Versprechen guter Dinge. Ich konnte das andere Ende nicht sehen, auch nicht den großen, weit geschwungenen Bogen, der hoch über den Wolken hing, die mich beschatteten. Doch dies winzige Stückchen sah ich und wußte, daß es von Gottes Treue sprach – »denn er ist treu, der sie (die Hoffnung) verheißen hat« (Hebr 10, 23).

2. Dann kamen ein paar Wolken aus reinem Gold. Dabei war an den Wolken selbst nichts, das sie golden machte – nur ein feiner Nebel. Und so gibt es auch nichts an meiner »Wolke«, das sie zum Leuchten bringt – vielleicht ein Tränenschleier, sonst nichts. Aber das Gold der Sonnenstrahlen erinnerte mich an sein Licht. Der Herr ließ sein Angesicht leuchten über mir und war mir gnädig; er erhob sein Angesicht über mich und gab mir Frieden, dort in diesem Sonnenuntergang.

3. Er gab mir die Worte: »… Wenn das Weizenkorn nicht in die Erde fällt und erstirbt, bleibt es allein; wenn es aber erstirbt, bringt es viel Frucht« (Joh 12, 24). So war es auch mit dem kleinen Körnchen unserer Möglichkeiten. Es war winzig, aber begraben. Und ich bat Gott, es zu begießen, dort in der Dunkelheit, und dann den Tod in Leben zu verwandeln. Was für eine Frucht würde er hervorbringen? Ach, wenn doch Gott aus diesem winzigen Samenkorn in mir die

Früchte des Geistes schaffen würde, wenigstens die ersten Anfänge von Liebe, Freude, Friede, Langmut, Freundlichkeit, Güte, Treue, Sanftmut und Selbstbeherrschung!

Ich hatte ein Samenkorn in der Hand.
Mein einziges Korn.
Sie sagen, ich soll das Kron in die Erde legen.
Ich muß mein Korn schützen, mein einziges Korn.
Ich habe nie erlebt, daß es Frühling gibt.
Sie sagen, es wächst neues Leben aus dem Korn.
Ich verliere mein Korn, mein einziges Korn.
Ich habe nie erlebt, daß es Frühling gibt.
Sie sagen, ich muß mein Korn riskieren, mein einziges Korn.
Aber ich habe nie Frühling erlebt.
Mein Geliebter sagt: Es gibt Frühling!
Ich lege mein Korn in die Erde.

Rainer Kunze

5. Juli
Heute ist der Sonnenuntergang rotgolden und orchideenfarben. Ganz schmale Wolkenstreifen dehnen sich nach Westen über den Himmel – wie reines Gold. Ich sitze wieder an meinem gewohnten Platz und habe gerade den 56. und 57. Psalm gelesen: »Denn deine Güte reicht, so weit der Himmel ist, und deine Wahrheit so weit die Wolken gehen. Erhebe dich, Gott, über den Himmel und deine Herrlichkeit über alle Welt« (Ps 57, 11–12).

Solche Güte überwältigt mich. Es tut mir leid, daß ich mich nicht inniger in den Willen Gottes ergeben habe … Heute fiel mir plötzlich ein: Und wenn Gott mir nun sagte, daß ich noch fünf Jahre warten müßte? Der Gedanke war niederschmetternd. Aber sollte die Güte Gottes, die sich mir von Ewigkeit zu Ewigkeit entgegenstreckt, in fünf Jahren erschöpft sein?

Wenn man mitten in solchen »fünf Jahren« steckt – oder wie lange eine solche Zeitspanne auch sein mag –, kann es leicht passieren, daß man geistliche Bücher liest und sie dabei nur als schöne Theorie empfindet, ohne Bezug zu der harten Wirklichkeit, mit der man fertig werden muß. Doch das wichtige geistliche Prinzip vom »Leben aus dem Tode« hat völlig mit der harten Realität zu tun. Es steckte für mich echter Trost in dem, was ich da oben auf der Tribüne – durch Regenbogen und Wolken, den Sonnenuntergang und das Wort vom Weizenkorn lernte. Gott sprach seinen Frieden in meine aufgewühlten Gefühle hinein, weil ich ihn darum bat und mich danach sehnte und still genug war, um ihn zu hören.

Diejenigen, die Ohren haben zu hören und Augen zu sehen, können von schweren Lasten ungeheuer befreit werden, wenn sie die Sprache herbstlicher Bäume verstehen, die sich in der Vorbereitung auf den Tod noch einmal herrlich schmücken. Das Rot der Blätter mag an das Kreuz erinnern. Dann folgt der Winter, und der Schnee bedeckt alles mit gefrorenem Schweigen. Die Bäume sind nur noch Skelette, doch unter der Oberfläche geschehen Wunder. Der Frühling kommt, und das Verborgene bricht auf einmal hervor – zarte Sprossen, schwellende Knospen, ein Hauch von Grün und Rot, wo noch am Tag vorher alles hoffnungslos erschien. Die gelbe Pracht der Ginsterblüten bricht geradewegs aus den braunen Dornen des letzten Jahres hervor – eindeutige Botschaft für uns, wenn wir sehen und hören wollen.

Wenn die Blätter sich nicht vom Baum gelöst hätten, um herunterzufallen und zu verwelken, wenn der Baum sich geweigert hätte, viele Monate lang kahl und nackt dazustehen, dann gäbe es kein neues Leben, keine Knospen, keine Blumen, keine Frucht, keinen Samen, keine neue Generation.

Eine Frau schrieb mir von einem Mann, der in ihr Leben getreten war, sie glauben gemacht hatte, er sei in sie verliebt, und der dann von der Bildfläche verschwunden und in das Leben einer anderen Frau getreten war.

Er besaß die Unverfrorenheit, von Zeit zu Zeit zurückzukommen und ihr davon zu erzählen, daß seine neue Freundin die Leere seines Lebens füllen könnte, wie es noch niemand bisher gelungen sei. (Was für ein Unfug, dachte ich. Was fehlt einem Mann, der so handelt? Was fehlt einer Frau, die ihm zuhört?) In ihrem Brief berichtete sie, was sie alles versucht hatte, um ihn zu vergessen: sie hatte sich mit anderen verabredet, die große Dame gespielt, sich all seine Fehler vor Augen gehalten, schließlich sogar an ein radikales Einsiedlerleben gedacht. Nichts hatte geholfen. Sie wünschte sich noch immer, Teil seines Lebens zu sein. War denn alles umsonst gewesen? Der letzte Teil des Briefes ließ Anzeichen eines Frühlings erkennen:

»Der Herr hat mir durch die Begegnung mit diesem Mann inneres Wachstum geschenkt. Darum kann ich sie nicht bereuen, obwohl es Zeiten gegeben hat, in denen ich wünschte, ihn nie gesehen zu haben. Ich muß ihn immer wieder an den Herrn abgeben. Ich lebe heute mehr denn je zuvor in der Gegenwart und habe den quälenden Wunsch überwunden, zu erfahren, ob es doch noch ein »wir« geben wird. Ich habe dem Herrn gesagt, daß ich eine gehorsame Nachfolgerin sein möchte, und prompt fragte er zurück: ›Und bist du bereit, Kummer und Schmerz und was sonst noch nötig sein mag, um dich dazu zu machen, auf dich zu nehmen?‹ Obwohl ich mich dazu nicht fähig fühlte, sagte ich doch: ›Was habe ich für eine Wahl? Ich habe schon zuviel erlebt, um jetzt auf dem angefangenen Weg stehenzubleiben und ein Zurück gibt es nicht.‹ Ich müßte lügen, wenn ich behaupten wollte, ich fürchtete mich nicht. Aber *Er* hat mich bis heute durchgebracht, und schon jetzt ist meine Freude unaussprechlich.«

Wohin mit der Einsamkeit?

Zwei Liebende, die geographisch weit voneinander getrennt sind, können mit ihren Gedanken in Vergangenheit und Zukunft wohnen. Sie erinnern sich ständig an das vergangene glückliche Zusammensein und freuen sich schon auf den glücklichen Tag der Wiedervereinigung. Auf diese Weise ist es möglich, die Gegenwart völlig zu vergeuden. Der Brief einer Lehrerin zeigt, daß sie durchaus nicht die Absicht hat, das zu tun. Sie möchte aus der Erfahrung von Trennung und Einsamkeit lernen.

»... jetzt sind wir sechs Monate lang getrennt und werden an Ostern nun fünf gemeinsame Tage haben, wenn er hierher kommt. Dann geht er wieder für acht Monate fort.

Paul nimmt die Dinge Schritt für Schritt und lebt von einem Tag auf den anderen. Er hat mir dadurch eine Menge beigebracht. Ich plane gern im voraus und will am liebsten immer ganz genau wissen, wann ich wohin gehe, selbst wenn der Herr möchte, daß ich auf *Ihn* warte.

Manchmal tut diese Einsamkeit innerlich so schrecklich weh. Es ist nicht so, daß niemand mich liebte. Ich habe verständnisvolle Eltern und liebevolle Brüder und Schwestern. Aber trotzdem habe ich dieses Jahr eine Einsamkeit durchgemacht wie nie zuvor. Ich denke, daß es zu einem guten Teil auch daran liegt, daß ich an einer neuen Schule bin und zum ersten Mal ganz auf eigenen Füßen stehe. Wie kann ich diese Zeit am besten verbringen?«

Zusammen mit meiner Antwort schickte ich ihr ein kleines Notizblatt, auf dem ich einiges zum Thema Einsamkeit aufgeschrieben hatte. Es hatte etwa folgenden Inhalt:

»Sei still und erkenne, daß Er Gott ist. Wenn du allein bist, dann ist es gerade die allzu große Stille, die deine Seele in die Wüste zu schicken scheint. Nutze diese Stille, um dein Herz vor Gott zur

Ruhe zu bringen. Lerne ihn kennen. Wenn er Gott ist, trägt er immer noch und zu jeder Zeit die Verantwortung.

Denke daran, daß du nicht allein bist. ›Der Herr aber, der selber vor euch hergeht, der wird mit dir sein und wird die Hand nicht abtun und dich nicht verlassen. Fürchte dich nicht und erschrick nicht‹ (5. Mose 31, 8). Jesus versprach seinen Jüngern: ›Und siehe, ich bin bei euch alle Tage ...‹ (Mt 28, 20). Es spielt dabei keine Rolle, ob du seine Gegenwart spüren kannst oder nicht. Er ist da und vergißt dich keinen Augenblick.

Danke Gott! In den Zeiten meiner größten Einsamkeit hat mich die Verheißung aus 2. Korinther 4, 17–18 aufrechtgehalten: ›Denn unsre Trübsal, die zeitlich und leicht ist, schafft eine ewige und über alle Maßen gewichtige Herrlichkeit, uns, die wir nicht sehen auf das Sichtbare, sondern auf das Unsichtbare ...‹

Dafür kann man Gott danken. Die Einsamkeit selbst, die ein schweres Gewicht zu sein scheint, wird bei weitem aufgewogen durch Herrlichkeit.

Schieb das Selbstmitleid weg! Weise es absolut zurück! Es liegt ein tödliches Gift darin, das dich völlig zerstören kann. Richte deine Gedanken auf Christus, der deinen Kummer und deine Sorgen ja schon längst getragen hat.

Nimm deine Einsamkeit an! Es ist eine Phase – nur eine von vielen – auf einem Weg, der dich zu Gott führt. Sie wird nicht ewig dauern.

Bring deine Einsamkeit zu Gott, wie der kleine Junge Jesus die fünf Brote und die zwei Fische darbot. Gott kann etwas Gutes für andere daraus machen.

Tu etwas für andere. Einerlei, wer oder wo du bist, immer gibt es etwas, das du tun kannst. Immer ist jemand da, der dich braucht. Bete darum, daß du ein Werkzeug des göttlichen Friedens sein kannst, daß du Freude überall dorthin bringen kannst, wo die Einsamkeit herrscht.«

Wesentlich ist vor allem, die Erfahrung des Augenblicks mit beiden Händen zu ergreifen. »Wo du auch immer bist, da sei ganz«, schrieb mir Jim einmal. »Lebe so, daß du jede Situation ganz und gar aus der Hand Gottes annehmen kannst«.

Heute ist eine wunderbare Mondnacht – aber ich bin allein. Soll ich mich über den Mondschein ärgern, weil mein Geliebter weit weg ist?

Da findet ein gemütliches Abendessen statt – bei Kerzenschein, mit Freunden zusammen – alles Paare, außer mir. Soll ich mich den ganzen Abend elend fühlen, bloß weil sie zusammen sind und ich allein? Bin ich um mein Glück geprellt worden? Wer hat mich betrogen?

Das Telefon klingelt. Oh! Vielleicht Jim! – Es ist jemand, der Glühbirnen verkaufen will. Soll ich unhöflich zu ihm sein, bloß weil ich jemand anderen erwartet habe?

Ein Brief liegt im Kasten, der (ausnahmsweise) nicht nach Reklame oder Rechnung aussieht. Voll Freude greife ich danach. – Er kommt von Tante Susie. Werfe ich ihn widerwillig beiseite?

Ich kenne alle diese Reaktionen. Mehr als einmal war ich ihnen erlegen. Irgend etwas, das ich Jim geschrieben hatte, muß ihm meine Verstimmung verraten haben, denn er sagte in einem Brief: »Laß es nicht dahin kommen, daß unsere Sehnsucht uns die Lebensfreude zerstört«. Genau das hatte ich zugelassen.

Es gab Zeiten, das weiß ich sicher, wenn mir da jemand versucht hätte, etwas vom Glück des Himmels zu erzählen, hätte ich mich wütend abgewandt. Das Schmerzliche war, daß andere sich nicht nur auf den Himmel freuen konnten, sondern sie besaßen »all das andere« und den Himmel noch dazu. »All das andere« war Verlobung oder Ehe. Ich sehnte mich leidenschaftlich danach. Als der Apostel Paulus über die glückliche Gewißheit des Himmels an die Christen in Rom schrieb, sagte er weiter: »Das heißt natürlich nicht, daß wir eine Hoffnung haben, die sich nur auf die Freuden der Zukunft bezieht – wir können vielmehr hier und jetzt schon voller Freude sein, sogar in Verhören und Schwierigkeiten« (Röm 5,3, übersetzt nach Philips NT).

Kann ich in Zeiten größter Einsamkeit – in jener Mondnacht, oder an dem Abend, wo wir im Kerzenlicht zusammensaßen, bei dem enttäuschenden Telefonanruf oder als der erwartete Brief nicht kam – wirklich »voller Freude sein, hier und jetzt?« Ja. Genau das sagt die Bibel. Das heißt, es ist nicht nur wahr, sondern auch möglich – für mich möglich!

Gerade durch diese Dinge sollen wir eine Beständigkeit lernen, die uns reifen und eine stete Hoffnung wachsen läßt. Aber wir müssen sie auf »geistliche Weise« annehmen.

Das ist der springende Punkt. Der leere Stuhl, der leere Briefkasten oder die falsche Stimme am Telefon haben keinerlei Kraft an sich, um aus einem einsamen Menschen einen reifen Charakter werden zu lassen. Sie können diese unerschütterliche Hoffnung niemals produzieren. Das Ergebnis meiner Schwierigkeiten hängt überhaupt nicht von der Art der Schwierigkeiten ab, sondern davon, wie ich mit ihnen umgehe. Ich kann sie annehmen – in Glauben und in Zustimmung. Oder ich kann mich dagegen auflehnen und sie zurückweisen. Doch was sie hervorrufen, wenn ich mich auflehne und sie zurückweise, wird alles andere sein als ein reifer Charakter.

Es gibt folgende Alternativen:

Rebellion: Wenn dies der Wille Gottes für mich ist, dann liebt er mich nicht.

Zurückweisung: Wenn es das ist, was Gott mir gibt, dann will ich nichts von ihm.

Glaube: Gott weiß genau, was er tut.

Annahme: Er liebt mich, er plant Gutes für mich; ich will es akzeptieren.

Das »voller Freude hier und jetzt« ist abhängig von dem »auf rechte geistliche Weise angenommen«. Man kann das eine nicht ohne das andere haben. Im Geist des Vertrauens akzeptiert, kann sogar Einsamkeit zur Reife des Charakters beitragen. Selbst das Ertragen von Trennung und Schweigen und – was das Schwerste von allem ist – von Ungewißheit kann in uns eine feste Hoffnung erzeugen.

Was sich die Vorsehung einfallen läßt

Im Jahr 1887 wartete Mark Twain in New York auf seine Frau Livy, die von Hartford kommen sollte. Ein Wirbelsturm verhinderte ihre Begegnung. Twain schrieb:[6]

> »Und nun hat sich – nach all meiner Mühe und Überredungskunst, Dich zu dem Versprechen zu bewegen, eine Woche Ferien mit mir zu machen und etwas zu unternehmen – die Vorsehung so etwas einfallen lassen. Eine ganz einfache Bitte an Dich, zu Hause zu bleiben, wäre doch ausreichend gewesen. Aber nein, das ist nicht imposant, nicht dramatisch genug – ein Schneesturm muß es sein: Laß allen Schnee vom Himmel fallen, den es gibt! Mach los alle Winde! Bring den Verkehr eines ganzen Kontinents zum Stillstand! Das ist die Art der Vorsehung, die richtige Weise, um die Kunstkniffe eines Menschen zu übertrumpfen. Meine Liebe, wenn ich gewußt hätte, daß es all diese Schwierigkeiten geben und so viele Millionen kosten würde, hätte ich Dich nie gebeten, nach Washington zu kommen.«

Die Hunderte von Tagebuchseiten, die meine inneren Kämpfe und Qualen beschreiben, könnten selbst den zynischsten Leser davon überzeugen, daß ich mich nicht sträubte, Gottes Willen zu tun. Ich war zwar oft verwirrt, gelegentlich voller Angst, manchmal klagend oder übereifrig oder fehlgeleitet – aber selten widerstrebend. Nahezu immer, soweit ich das sehen kann, entschlossen zu gehorchen. Hätte nicht eine einfache Bitte Gottes, ihm zu vertrauen, genügt? Ist es unbedingt notwendig für ihn, alles außer Sichtweite zu schaffen, was uns am liebsten ist, uns in schlimmste geistliche Erschütterungen zu stoßen, uns nackt und bloß den Stürmen seines reinigenden Geistes auszusetzen, nur damit wir vertrauen lernen?

Doch ich bin überempfindlich. Ich dramatisiere die gewöhnlichsten Erfahrungen. Was sind diese dummen Herzensangelegenheiten, verglichen mit wirklichem Leiden? Wir sollten einmal über Vertrauen reden und uns dabei anschauen, was der Apostel Paulus alles erduldete: Schiffbruch, Schläge, öffentliches Auspeitschen, Gefängnis, Ketten, Stock, Hunger, Nacktheit; und all dies wurde einem Mann auferlegt, der trotz jahrelanger Christenverfolgung in einem einzigen Augenblick zum treuen Diener Gottes geworden war. Es scheint doch wirklich so, wie Mark Twain sagte: »Die Vorsehung läßt sich die merkwürdigsten Dinge einfallen.« Die heilige Theresa bringt es ähnlich zum Ausdruck: »Wenn das die Art und Weise ist, wie du, Gott, deine Freunde behandelst, ist es kein Wunder, daß du so wenige hast.«

Aber sehen wir uns einmal an, was Paulus über sein Vertrauen zu Gott sagt:

> »Wer will uns scheiden von der Liebe Christi? Trübsal oder Angst oder Verfolgung oder Hunger oder Blöße oder Gefahr oder Schwert? Wie geschrieben steht (Psalm 44, 23): ›Um deinetwillen werden wir getötet den ganzen Tag; wir sind geachtet wie Schlachtschafe.‹ Aber in allem überwinden wir weit durch den, der uns geliebt hat.
> Denn ich bin gewiß, daß weder Tod noch Leben, weder Engel noch Mächte noch Gewalten, weder Gegenwärtiges noch Zukünftiges, weder Hohes noch Tiefes noch eine andere Kreatur uns scheiden kann von der Liebe Gottes, die in Christus Jesus ist, unserm Herrn« (Röm 8, 35–39).

Eine bemerkenswerte Aussage über den Glauben: »getötet den ganzen Tag – und trotzdem Sieger. Trübsal, Angst, Verfolgung und all das andere – aber in allem überwinden wir«. Das Erstaunliche dabei ist: der Sieg besteht nicht in Befreiung oder Bewahrung vor den Dingen, die da aufgezählt werden. Paulus ging durch all diese Belastungen hindurch. Er wurde nicht von menschlichen Leiden verschont. Gott schützte selbst diese bedeutende Persönlichkeit nicht vor Schlägen, Hunger oder anderen Nöten. Doch Paulus konnte sagen, daß er in allem weit überwinde durch »den, der uns geliebt hat«. Wodurch erweist sich dann diese Liebe als Liebe?

Unsere Phantasie ist so begrenzt, daß wir uns eine Liebe, die ihr Objekt nicht vor Leiden bewahrt, kaum vorstellen können. Die Liebe Gottes ist aber von ganz anderer Art. Sie schließt Trauer und Unglück nicht aus. Sie leugnet niemals die Realität. Gerade gegenüber dem Leid hält sie stand. Die Liebe Gottes verschonte seinen eigenen Sohn nicht. Das war der stärkste Beweis einer Liebe – daß er seinen Sohn gab, daß er ihn ans Kreuz gehen ließ, obwohl Legionen Engel zu seiner Rettung bereitgestanden hätten. Er will uns nicht unbedingt schützen – jedenfalls nicht vor Dingen, die dazu dienen können, uns seinem Sohn ähnlich zu machen. Und zu diesem Prozeß gehören eine Menge Hammer- und Meißelschläge und die Läuterung durchs Feuer.

Schauen wir uns den letzten Absatz aus der Erklärung des Paulus noch einmal an:

»Denn ich bin gewiß, daß nichts in Gottes ganzer Welt die Macht hat, mich von seiner Liebe in Christus Jesus, meinem Herrn, zu trennen.«

»Nichts, Paulus? Wie ist es mit dem Tod?«

»Nein, der Tod nicht!«

»Aber das Leben – je nachdem wie es ist?«

»Nein, auch das Leben nicht!«

»Vielleicht ein Engel?«

»Auch ein Bote des Himmels brächte das nicht fertig!«

»Keine politische Macht?«

»Kein Herrscher der ganzen Welt könnte das.«

»Erfahrungen, die du heute machst?«

»Auch nicht.«

»Das, was morgen sein könnte?«

»Auch nicht.«

»Keine Macht aus der Höhe?«

»Keine Macht aus der Höhe!«

»Keine Gewalt aus der Tiefe?«

»Keine Gewalt aus der Tiefe!«

»Irgend etwas anderes aus Gottes Kosmos?«

»Nichts. Was es auch immer sei. Absolut nichts!«

»Paulus, ich glaube, du hast etwas vergessen!«

»Meinst du?«

»Die Liebe zwischen Mann und Frau. Die Angelegenheiten des Herzens. Ich würde die Schläge und die Schiffbrüchigkeit und die Verfolgung auf mich nehmen – das sind alles Dinge, mit denen man als Christ rechnen muß, die man um seinetwillen ertragen muß. Aber was ist, wenn die Frau, die ich liebe, mir einen Korb gibt? Was ist, wenn der Mann, auf den ich ein Auge geworfen habe, mir keinen Blick gönnt? Was ist, wenn ich abgelehnt werde? Was ist, wenn –«

»Oh, daran habe ich gar nicht gedacht.«

Ist das die Antwort, die Sie von Paulus erwarten?

Daß er die Qualen der Liebe und ihre Fallgruben vergessen hat? Daß er, wenn er an sie gedacht hätte, nicht hätte sagen können: »In dem allen überwinden wir weit«? Daß er auch nicht gesagt hätte: »... noch eine andere Kreatur«, sondern: »... nichts – außer meinen Leidenschaften, meinem armen gebrochenen Herzen, meinem Pech in der Liebe – kann mich scheiden von der Liebe Gottes«? Vielleicht hätte er dann noch hinzugefügt, daß Gott allerdings in der Lage sei, sich um große Dinge zu kümmern – Paulus hatte eine Menge Beweise dafür.

Vielleicht wären Herzensdinge für Paulus Bagatellen gewesen. Ich habe da eine leise Ahnung. Was ist nun also mit ihnen? Können sie uns von Gottes Liebe und seiner Erlösung wegbringen?

Der springende Punkt ist, daß wir es zuerst lernen müssen, in kleinen Dingen zu vertrauen, selbst in denen, die uns belanglos erscheinen, wenn wir jemals das Vorrecht haben sollen, in großen Dingen zu leiden.

»Wer im Geringsten treu ist, der ist auch im Großen treu; und wer im Geringsten ungerecht ist, der ist auch im Großen ungerecht. Wenn ihr nun mit dem ungerechten Mammon nicht treu seid, wer wird euch das wahre Gut anvertrauen?« (Lk 16, 10–11).

Jahre, nachdem meine Geschichte mit Jim Elliot beendet war, erwähnte meine Mutter eines Tages etwas vom »Leiden«, das ich während der Jahre des Wartens auf mich hatte nehmen müssen. Das überraschte mich, denn wenn ich auch niemals geleugnet hätte, daß der Weg manchmal rauh und uneben war, so hätte ich ihn doch niemals als »Leiden« angesehen. Schiffbruch, Schläge, körperliche Schmerzen, ja, das würde ich Leiden nennen, aber nicht meinen Liebeskummer. Aber es ist sinnlos, Leiden irgendwie messen zu wollen. Was zählt, ist, daß wir in rechter Weise damit umgehen. Die Hilflosigkeit, die wir fühlen, sollte uns dazu bringen, unsere Gedanken auf Gott zu lenken. Es geht darum, Vertrauen zu lernen. Jesus liebt mich, das weiß ich – nicht, weil er immer tut, was ich mir wünsche, sondern weil es mir die Bibel sagt. Das Kreuz beweist es. Er liebte mich von jeher und gab sich für mich hin.

Dein Wille geschehe

Als ich damals die Eintragungen in mein Tagebuch machte, wußte ich, daß ich damit kein vollständiges Bild zeichnete. Wie hätte es das auch sein können? Ich konnte meine Situation ja selbst nicht überblicken. Nur Gott konnte das. Und selbst wenn ich dazu in der Lage gewesen wäre, wie hätte ich das Geschaute dann in Worte fassen sollen? Jims Wort von der »Asche« kam mir oft in den Sinn, das er an jenem Abend auf dem Friedhof unter dem steinernen Kreuz gesagt hatte – als Ausdruck für das große Nichts, die schmerzende Leere, die vielleicht auf uns wartete.

6. Juli
Die innere Leere treibt mich wieder zu Gott. Im Gedächtnis steigt mir ein altes Lied auf:

Wie Gott mich führt, so will ich gehn
ohn alles Eigenwählen;
geschieht, was er mir ausersehn,
wird mir's an keinem fehlen.
Wie er mich führt, so geh ich mit
und folge willig Schritt für Schritt
in kindlichem Vertrauen.

Wie Gott mich führt, so bin ich still
und folge seinem Leiten,
obgleich im Fleisch der Eigenwill
will öfters widerstreiten.
Wie Gott mich führt, bin ich bereit,
in Zeit und auch in Ewigkeit
stets seinen Rat zu ehren.

Wie Gott mich führt, so geb ich mich
in seinen Vaterwillen.

Scheint's der Vernunft gleich wunderlich,
sein Rat wird doch erfüllen,
was er in Liebe hat bedacht,
eh er mich an das Licht gebracht,
ich bin ja nicht mein eigen.

Lambert Gedicke

Zeigt die Tatsache, daß ich Jim nicht vergessen kann, daß Gott das so will, oder ist es meine eigene Unwilligkeit, ihn zu vergessen, die Gott bisher daran gehindert hat, meine Gebete in dieser Richtung zu erhören? Oder soll ich durch diese Durststrecke lernen, all meine Erfüllung ihn ihm zu finden? Kann es sein, daß ich ihm mit meinem Willen Dank opfern soll, auch wenn ich nicht weiß, was noch auf mich zukommt und was ich überhaupt tun soll? Ich weiß kein anderes Gebet als: »Dein Wille geschehe!«

Immer wieder stieg die Hoffnung auf, daß Gottes Wille uns zusammenbringen würde. Es konnte sein, daß er das nie tun würde, das wußte ich. Mir wurde klar, daß die geistlichen Lektionen nicht dann gelernt werden, wenn Gott uns zu guterletzt doch unseren Willen läßt, sondern dann, wenn er uns warten läßt und diese Zeit mit uns in Liebe und Geduld durchsteht, bis wir aufrichtig beten können, was Jesus seine Jünger gelehrt hat: »Dein Wille geschehe!« Das zu akzeptieren, was es auch immer bedeutet, ist der große Sieg des Glaubens, der die Welt überwindet. In meinem Tagebuch steht ein Gebet, in dem ich mir wünschte, näher zu Gott zu kommen. War dies die Antwort? Wenn ja, dann brauchte ich mehr Gnade, denn Herz und Fleisch waren schwach.

»Befiehl dem Herrn deine Wege und hoffe auf ihn, er wird's wohl machen« (Ps 37, 5). Manchmal war ich sicher, daß dieses »es« die Ehe sein würde. Ein anderes Mal war mir klar, daß es einfach nur um den Willen Gottes ging, der alles mögliche für mich bedeuten konnte – natürlich auch lebenslange Jungfräulichkeit. Ich entdeckte, daß die Hingabe fast täglich neu vollzogen werden mußte. Es war das tägliche Auf-sich-nehmen des Kreuzes, von dem Jesus gesprochen hatte. Ist das schwer? Tun Sie es trotzdem – jetzt sofort. Sagen Sie Ja zu Gott! Er wird's wohl machen.

Ist es unaufrichtig Gott gegenüber, wenn man Ja sagt, obwohl einem in Wirklichkeit nicht danach zumute ist? Ist es eine Lüge, wenn man sagt: »Ich will deinen Willen tun«, wenn man im Herzen spürt, daß man in Wirklichkeit etwas ganz anderes will? Fühlt man da nicht den Eigenwillen des Fleisches?

Diese Fragen quälten mich oft. Heute sehe ich das so:

Wenn man jemanden liebt, gibt es viele Dinge, die man für diesen Menschen tut, eben *weil man ihn liebt* – nicht weil man sie selbst bevorzugte, wenn die Liebe keine Rolle spielte. Nun spielt die Liebe aber eine Rolle und läßt einen anders handeln. Deshalb kann man in seinem Herzen durchaus aufrichtig sein, wenn man dem anderen sagt, daß man wirklich nach seinem Willen handeln möchte, weil man die Erfüllung seiner Wünsche mehr anstrebt als die Erfüllung der eigenen. Wenn der Gehorsam gegenüber Gott dem widerspricht, was mir Freude machen würde, muß ich mich fragen, ob ich ihn liebe. Wenn ich das bejahen kann, kann ich dann nicht auch seinen Willen bejahen? Kann ich nicht selbst dann ja sagen, wenn es ein Opfer für mich bedeutet? Wenn ich in Ruhe darüber nachdenke, fällt mir wieder ein, daß ein Ja zu Gott am Ende *immer* zur Freude führt. Darauf können wir uns absolut verlassen.

Ein weiterer Trost während der langen Ungewißheit war für mich das Wissen, daß andere für mich beteten, nicht nur Freunde und Familienangehörige, sondern – Wunder aller Wunder – Christus selbst trat für mich ein. Er hat versprochen, das immer für uns zu tun (Hebr 7, 25). Und »desgleichen hilft auch der Geist unserer Schwachheit auf. Denn wir wissen nicht, was wir beten sollen, wie sich's gebührt, sondern der Geist selbst vertritt uns mit unaussprechlichem Seufzen.

Der aber die Herzen erforscht, der weiß, worauf der Sinn des Geistes gerichtet ist; denn er vertritt die Heiligen, wie es Gott gefällt« (Röm 8,26–27).

Es wäre für uns am leichtesten, wenn sich unsere Wünsche einfach in Luft auflösten. Dieser Gedanke fand sich auch in dem Brief, den eine junge Frau mir schrieb:

> »Im Frühling traf ich einen jungen Mann und gewann eine echte Zuneigung zu ihm. Mir war klar: Das war der Mann fürs Leben!
>
> Nach unserer ersten Verabredung kniete ich an meinem Bett nieder, dankte dem Herrn für diesen Mann und fragte ihn, ob ich seine Frau werden dürfe ... Er hatte Schwierigkeiten, mich einzuordnen. Er sagte mir, daß ich bestimmte Wünsche in ihm wecke, daß er sich aber nicht reif genug fühle. Deshalb sei es wohl das Beste, die Freundschaft einzuschränken. Seit einem Jahr lebt er

nun im Ausland, doch ich sehne mich immer noch nach ihm. Beständig bitte ich den Herrn, daß er mir den Wunsch, bei diesem Mann zu sein und sein Leben zu teilen, wegnimmt. Diese Zuneigung tut schrecklich weh. Obwohl ich durch mein Studium und meine Arbeit sehr beschäftigt bin, kommt mein Herz nicht zur Ruhe. So kämpfe ich mich durch die Tage.«

Ach, die Arme, ich kann mit ihr fühlen, aber ich verstehe nicht ganz, wie sie in diese Lage gekommen ist. Hat sie den Mann vielleicht ihre Sehnsucht sehen lassen und ihn damit abgeschreckt? Möglicherweise veranlaßte ihn ihre Ungeduld dazu, die Freundschaft »einzuschränken«. Die letzten Sätze, die ich an jenem Abend, als ich im Stadion über den Regenbogen nachdachte, in mein Tagebuch schrieb, lauteten:

»Das Fleisch sucht sich einen bequemen Weg und denkt, es wäre leichter, wenn ich völlig vergessen könnte, oder bald eine Antwort bekäme.
»... Unter dem Schatten deiner Flügel habe ich Zuflucht, bis das Unglück vorübergehe ... Gott, der meine Sache zum guten Ende führt ... mein Herz ist bereit, daß ich singe und lobe« (Psalm 57, 2.3.8).

Wenn wir keine Sehnsüchte mehr hätten, was sollten wir dann dem Herrn noch opfern? Sind sie uns nicht dazu gegeben? Es geht um die Beherrschung unserer Leidenschaften, nicht um ihr Auslöschen. Wie sollten wir lernen, uns der Herrschaft Christi zu unterwerfen, wenn es nichts gäbe, das wir ihm unterordnen müßten?

In meinem griechischen Neuen Testament entdeckte ich, daß man 1. Petrus 5, 10 auch so übersetzen kann: »Nachdem ihr eine Weile gelitten habt, wird Gott selbst das Zerbrochene heilen.« Wenn alles Kämpfen und Leiden aus dem Weg geräumt würde, würde unsere geistige Reife auf dem Niveau eines Kindes stehenbleiben. Unser himmlischer Vater möchte aber, daß wir erwachsen werden.

Selbstbetrug

Das alte Wort, das den Teil unseres Seins bezeichnet, der beständig gegen den Geist Gottes kämpft, heißt *Fleisch*. Aber die Geschichte Jesu läßt erkennen, daß auch er ein echter Mensch war, ein Mensch im gewöhnlichen, physischen Sinne. Er aß, er trank, er wanderte umher, schlief, wurde müde und saß am Brunnen, um sich in der Hitze des Tages durch einen Trunk zu erfrischen. Wir wissen, daß er ohne Sünde war. Daraus kann man den Rückschluß ziehen, daß absolut nichts Sündiges an seinem *Fleisch* war – dem physischen Stoff, aus dem sein Körper bestand – Knochen, Muskeln, Gewebe, Blut. Auch in unseren Knochen, Muskeln, Sehnen, in unserem Blut ist nichts Sündiges.

Was ist es dann, das mit unserem geistlichen Leben Krieg führt? Können wir gleichzeitig menschlich und heilig sein? Diese Fragen tauchten bei mir auf, als ich so oft an Jim dachte und mich nach ihm sehnte. Meine Liebe zu ihm war menschlich. Ich wünschte mir aber – und hoffte und betete dafür –, daß sie noch etwas anderes sei – heilig.

An dieser Stelle besteht die Gefahr des Selbstbetrugs. Eine junge Frau schrieb mir:

> »Ich bin einundzwanzig Jahre alt und die schwesterliche Freundin eines Dreiundzwanzigjährigen. Wir wünschen uns beide, Gottes Nähe intensiver und beständiger zu erfahren. Nie vorher habe ich mit einem jungen Mann zu tun gehabt, dessen größter Wunsch für unsere Beziehung darin besteht, mich rein platonisch zu lieben und mich geistlich aufzubauen. Ich schätze seine Haltung sehr, aber ich glaube, ich verhalte mich nicht dementsprechend, und vieles an dieser Freundschaft ist völlig neu für mich, obwohl es die wundervollste und harmonischste Beziehung ist, die ich je hatte.«

Die Verwirrung entsteht, wenn man Worte wie »ich habe mit ihm zu tun« und »unsere Beziehung« mit der Vorstellung von

»rein platonischer Liebe« und dem Ziel, »geistlich aufzubauen«, vermischt. Man kann den stärksten menschlichen Trieb, die Sexualität, leugnen und das spiritualisieren, was eine durchaus natürliche und menschliche Sehnsucht nach einer ehelichen Beziehung ist. Die junge Frau weiß nicht, wie sie diese Beziehung anders nennen soll als »schwesterlich-freundschaftlich«. Ganz sicher ist sie an diesem Mann mehr interessiert als an jedem anderen Mann, dem sie Schwester oder Freundin sein könnte. Sein größter Wunsch, sagt sie, sei, sie »rein platonisch« zu lieben. Bravo! Wenn er damit meint, daß er sie lieben wolle wie jeder Christ den anderen lieben soll, als Glied am Leibe Christi, warum gebraucht sie dann die Wendung »ich habe mit ihm zu tun«? Sie hat tatsächlich etwas mit ihm zu tun, sie empfindet es als »die wundervollste und harmonischste Beziehung«, die sie je hatte. Aber mir kommt die ganze Sache etwas spanisch vor. Für mich klingt das weniger nach Bruder und Schwester als vielmehr Liebhaber und Geliebte. Sie ist sich wahrscheinlich nicht sicher, ob er sie liebt, und sie gibt nicht zu – wenigstens nicht mir gegenüber – daß sie ihn liebt. Aber ihre Gefühle gehören – wohin sonst? – in den Bereich des Sexuellen.

Paulus war ein sehr nüchterner Mann. Er machte sich nichts vor über die Anziehungskraft zwischen Frau und Mann. Er kannte die Triebe und die damit verbundenen Gefahren und schrieb den Christen in Korinth ganz vernünftig: »... Es ist gut für den Mann, keine Frau zu berühren. Aber um Unzucht zu vermeiden, soll jeder seine eigene Frau haben und jede Frau ihren eigenen Mann« (1. Kor 7, 1–2). In anderen Worten: Wenn ihr an den Punkt kommt, wo ihr nicht mehr voneinander lassen könnt, ist es Zeit zu heiraten. Die heute unter Christen weit verbreiteten »rein schwesterlichen« oder »rein brüderlichen« Freundschaften hatten im Denken des Paulus keinen Platz. Er sagte nie: »Jeder Mann soll seine eigene Beziehung haben.«

Mein Vater riet seinen vier Söhnen, niemals zu einer Frau zu sagen: »Ich liebe dich«, solange sie nicht bereit waren, dann auch die Frage: »Willst du mich heiraten?« folgen zu lassen. Und sie sollten auch keine Frau fragen: »Willst du mich heiraten?«, solange sie nicht gesagt hatten: »Ich liebe dich!« Wieviel Schmerz und Verwirrung könnten verhindert werden, wenn Männer sich an diese Regel hielten.

Jim ließ sich allerdings nicht davon leiten. Er sagte mir, daß er mich liebe. Und er fragte mich nicht, ob ich ihn heiraten wolle. Ich war aufgewühlt, überwältigt, durcheinandergebracht. Aber ich dachte: Besser zu wissen, daß ich geliebt werde, als völlig ahnungslos zu bleiben. Wenn man allein ist, kann man vor Kummer vergehen, aber wenn man weiß, daß die Liebe erwidert wird, steigert sich die Sehnsucht nach Erfüllung ins Unermeßliche.

Ich möchte Jims Handlungsweise auf keinen Fall für andere empfehlen. Ich bin ganz sicher, daß er nicht gewünscht hätte, daß jemand einen Lehrsatz daraus machte. Unsere Situation war völlig außergewöhnlich. Jim hatte keine Berufung zur lebenslangen Ehelosigkeit. Er wußte nicht, wie lange sie dauern würde. Er brauchte es auch nicht zu wissen. Er hatte den Ruf, vorläufig allein zu bleiben, ungebunden zu bleiben, zumindest nicht festgelegt zu sein, bis er missionarische Erfahrungen gesammelt hatte. Er hatte Grund zu der Annahme, daß er die Liebe einer ihm zugeneigten Frau geweckt hatte und daß er ihr die Information anvertrauen konnte, die ihm auf dem Herzen lag. Es war ein Risiko. Er wußte das und nahm es auf sich. Ich sprang nach seiner Eröffnung nicht von irgendeiner Brücke und vollbrachte keine andere Verzweiflungstat. Gott hielt uns fest. Aber ich zerbrach mir den Kopf und rang die Hände über der Spannung zwischen menschlichem Sehnen und der Hingabe an Gott. War es möglich, Jim so intensiv zu lieben, wie ich es tat, und gleichzeitig rein genug zu sein, um nichts auf der Welt mehr zu wünschen als seine Heiligkeit und sein Glück? Ich kann nur sagen, daß ich es versuchte. »Was hindert und beschwert dich mehr als deine unertöteten Herzensbegierden?« schrieb Thomas von Kempen von »der Nachfolge Christi«.

Ertötet. Ein schreckliches Wort. Wenn meine Gefühle ertötet werden müssen – heißt das, daß sie sterben müssen? Sind sie alle verdorben und sündig? Ist es etwas Böses, einen Mann oder eine Frau anders zu lieben als eine Schwester oder einen Bruder oder einen Freund?

Um was geht es hier? In Römer 8, 13 heißt es: »... wenn ihr aber durch den Geist die Taten des Fleisches tötet, so werdet ihr leben.« Was sind die »Taten des Fleisches«? In Kolosser 3, 5 finden wir eine Aufzählung: »... Unzucht, Unreinheit, schändliche Leidenschaft, böse Begierde und die Habsucht, die Götzendienst ist.« Das ist es, was das menschliche Sehnen hervorbringt, wenn man es nicht zügelt. Ein Christ aber hat die Herrschaft darüber an seinen Meister abgegeben. Seine menschlichen Wünsche werden in eine Ordnung gebracht. Sie existieren noch, sie sind immer noch stark, natürlich und menschlich, aber sie sind der stärkeren Macht des Heiligen Geistes unterworfen. Sie werden gereinigt und korrigiert, indem wir Tag für Tag in Glauben und Gehorsam leben.

> »Denn fleischlich gesinnt sein ist Feindschaft gegen Gott, weil das Fleisch dem Gesetz Gottes nicht untertan ist; denn es vermag's auch nicht. Die aber fleischlich sind, können Gott nicht gefallen. Ihr aber seid nicht fleischlich, sondern geistlich, wenn denn Gottes Geist in euch wohnt. Wer aber Christi Geist nicht hat, der ist nicht sein. Wenn aber Christus in euch ist, so ist der Leib zwar tot um der Sünde willen, der Geist aber ist Leben um der Gerechtigkeit willen. Wenn nun der Geist dessen, der Jesus von den Toten auferweckt hat, in euch wohnt, so wird er, der Christus von den Toten auferweckt hat, auch eure sterblichen Leiber lebendig machen durch seinen Geist, der in euch wohnt. So sind wir nun, liebe Brüder, nicht dem Fleisch schuldig, daß wir nach dem Fleisch leben« (Röm 8,7–12).

Das macht es deutlich. Es gibt zwei Naturen, eine Macht, die nach unten und eine, die nach oben zieht, Fleisch und Geist. Die fleischliche Natur hat keinen Anspruch an uns. Der Ungläubige leugnet das, hört auf die Forderungen des Fleisches, kapituliert vor ihnen, besteht darauf, daß er seinen Gefühlen folgen und sich nach der Mehrheit richten muß. Der Christ tötet das Fleisch ab, indem er sich der Herrschaft Christi unterwirft – einer Herrschaft in jedem Bereich seiner Existenz, einschließlich seiner von Gott gegebenen, aber sehr gefährlichen Sexualität. Sie ist so gefährlich wie Sprengstoff. Auch Feuer und Wasser sind Gaben Gottes, doch wenn sie außer Kontrolle geraten, richten sie eine Verwüstung an.

Der oben zitierte Brief ist einer von vielen dieser Art, die ich im Laufe der Zeit erhalten habe. Es herrscht große Verwirrung über zwischengeschlechtliche Beziehungen. Es fehlt die Bereitschaft, ehrlich zu sagen: »Ich bin verrückt nach dieser Frau. Ich muß sie haben!« Sexuelle Wünsche werden mit geistlichen Redewendungen getarnt. Was sich dabei abspielt, ist weit entfernt von platonischer Liebe, ist in Wirklichkeit rein erotischer Natur – man nennt es »Freundschaft«, »eine Beziehung«, »ein Verhältnis«, »eine Erfahrung«.

Eine andere junge Frau schrieb:

»Letztes Jahr traf ich auf einer Party einen jungen Mann. Ich interessierte mich sehr für ihn, doch im November verlor ich ihn aus den Augen. Seitdem bin ich bitter gegen Gott. Diese Bitterkeit, verbunden mit Ärger, führte dazu, daß ich mich um niemanden in meiner Umgebung mehr kümmerte, selbst nicht in der Gemeinde.

Ein Teil von mir sagt mir ständig, daß ich niemals zur vollen Erfüllung gelangen werde – sexuell oder auf anderem Gebiet – solange ich nicht verheiratet bin. Wie kann ich meine Bitterkeit gegen Gott überwinden? Wie kann ich mit meinem sehnsüchtigen Wunsch fertigwerden zu wissen, *warum* Gott so handelt? Das wäre leichter zu ertragen, als einfach nur zu vertrauen. Wird Gott mir jemals sagen, wie es diesem jungen Mann im Leben ergeht? Werde ich jemals erfahren, ob er Christ ist?«

Eine gewisse Aufrichtigkeit kann man ihr nicht absprechen – sie weiß, daß sie Gott gegenüber bitter ist. Darin liegt ihre eigentliche Sünde. Außerdem steckt sie aber auch in einer Selbsttäuschung. Es geht ihr in Wirklichkeit gar nicht darum, wie der junge Mann im Leben zurechtkommt. Er könnte Präsident von Amerika sein, was würde das ändern? Und es ist in Wirklichkeit auch gleichgültig für sie, ob er Christ ist. Ihr geht es darum, ob er zurückkommt. Will die junge Frau wirklich wissen, warum Gott so handelt, wie er es tut (es gibt eine Menge Hinweise in der Bibel), oder möchte sie einfach nur, daß er aufhört, so zu handeln?

Lassen Sie uns vor Gott aufrichtig sein! Nennen wir das Kind doch beim rechten Namen – ein Spaten ist ein Spaten, vielleicht sogar eine schmutzige Schaufel, aber niemals eine Gießkanne. Wenn Ihre Leidenschaften geweckt sind, geben Sie es zu – vor sich selbst und vor Gott, aber *nicht* vor dem Gegenstand Ihrer Leidenschaft. Und dann übergeben Sie Gott die Zügel Ihres Lebens. Bringen Sie ihm Ihren Willen. Seien Sie bereit, ihm zu gehorchen und bitten Sie ihn um seine Hilfe. Er wird Ihnen das Gehorchen nicht abnehmen, aber er wird Ihnen dabei helfen. Fragen Sie mich nicht, wie er das macht. Er weiß es. Sie werden es sehen.

Was Frauen Männern antun

Frauen sind immer in der Gefahr, die Initiative zu ergreifen. Wir möchten die Dinge »über die Bühne bringen«. Wir möchten über Situationen und Gefühle sprechen, sie offenlegen, uns mit ihnen auseinandersetzen. Es kommt uns so vor, als ob Männer oft den anstehenden Dingen ausweichen, sie »unter den Teppich kehren«, sich mit anderem befassen – Geschäft, Vergnügen, Sport, einem großen Schnitzel, dem Fernseher – oder sich umdrehen und einschlafen. Frauen reagieren auf diese Neigung, indem sie auf Konfrontation bestehen, Kommunikation suchen, die Karten auf den Tisch legen. Wenn sich die Männer auf diese Weise nicht zwingen lassen, fangen wir an zu nörgeln, zu betteln, oder suchen durch Tränen, Schweigen oder Kälte ihre Aufmerksamkeit zu erreichen. Wir haben einen ganzen Sack voller Tricks zur Verfügung.

Eine junge Frau kam nach einer Versammlung zu mir und erklärte, daß sie Missionarin werden würde. »Gut!« sagte ich.

»Und ich werde heiraten.«

»Sehr schön. Wann?«

»Nun, das weiß ich noch nicht genau. Bis jetzt bin ich weder verlobt noch sonst etwas.«

»Aber Sie werden heiraten?«

»Gott hat es mir gesagt.«

»Hat er Ihnen auch gesagt, wer der Mann ist?«

»Oh ja, er gehört zu dieser Gemeinde, wir sind gute Freunde und ... «

»Was Sie auch immer tun, sagen Sie ihm nur nicht, was der Herr Ihnen gesagt hat.«

»Aber das habe ich doch schon. Ich habe ihn direkt danach angerufen. Er war nicht so sicher wie ich ... ich meine ... wissen Sie ... er hatte sich noch nicht so klar in die Mission berufen gefühlt oder zu sonst etwas ... wissen Sie ... er war überrascht, aber ...«

»Sie lassen ihn am besten in Ruhe, bis der Herr *ihm* etwas sagt!«

»Das kann ich nicht, ich meine ... was ist, wenn er nicht versteht, daß das der Wille Gottes ist? Ich versuche ihn alle paar Tage anzurufen, um ihn daran zu erinnern. Er wirkt ziemlich kühl ... wissen Sie ... aber ich bin sicher, daß er darüber nachdenkt. Es ist so ... wissen Sie ... er ist wirklich mein Freund, aber, nun, ich weiß, daß Gott das schon in Ordnung bringt.«

Der Mann hatte mein volles Mitgefühl.

Eine andere Frau schrieb:

> »Es geht um einen jungen Mann, dem ich sehr zugetan bin. Ich habe dem Herrn die Sache im Gebet übergeben. Schließlich habe ich, um die Situation zu klären, dem Mann geschrieben und ihm auf taktvolle Weise meine Gefühle kundgetan. Er erwiderte sie nicht, versicherte mir aber, daß er unsere Freundschaft fortsetzen wollte. Ich habe ihm in drei Monaten noch drei weitere Briefe geschrieben. Er beantwortete keinen von ihnen. Ich rief ihn an, vor allem, um mich zu vergewissern, daß ich noch mit ihm reden konnte. Zwei Monate später rief ich ihn wieder an, hauptsächlich um mich zu vergewissern, daß er noch am Leben war. Er war ziemlich distanziert. In keinem meiner Briefe oder Anrufe habe ich versucht, mich ihm aufzudrängen. Ich wünschte mir nur, zu unserem Status als Freunde zurückzukehren, wie er es vorgeschlagen hatte. Jetzt kann ich ihn nicht mehr verstehen.«

Die Arme. Sie hatte kein Recht, als erste ihre Gefühle »taktvoll« zu offenbaren. Schon ihre Wortwahl ist unpassend. Eine Frau, die auf diese Weise die Initiative ergreift, ist einfach nicht taktvoll. Sehr wahrscheinlich hat sie damit jede Chance, die sie vielleicht bei dem Mann hatte, vertan. Als er nicht antwortete, war das ein klares Zeichen, daß er nicht an ihr interessiert war. Daß sie weiterhin versuchte, seine Aufmerksamkeit zu wecken, war nicht nur nutzlos, sondern geradezu falsch.

Ich kann mir vorstellen, was er dachte, als er am Telefon ihre Stimme hörte: »Oh nein! Nicht *sie* schon wieder! Was soll ich bloß tun?« Sie ist fröhlich, freundlich, vielleicht ein bißchen atemlos. »Wie kann ich sie loswerden?« fragt er sich. Der einzige Weg, der ihm blieb, war, wie sie es selbst gespürt hatte, distanziert mit ihr zu reden. Jede andere Reaktion hätte sie als Ermutigung verstanden.

Sie rief wieder an. Diesmal vielleicht nicht ganz so heiter. Mag sein, sie atmete schwer, sprach in klagendem Ton – ich stelle nur Vermutungen an. Sie sagt, sie hätte sich nicht aufgedrängt. Wirklich nicht? Sie war unfair zu ihm und unehrlich sich selbst gegenüber, wenn sie sagte, sie habe sich »nur vergewissern wollen, ob er noch am Leben war«. Es hätte andere Wege gegeben, das herauszufinden. In Wirklichkeit weinte sie ihm vor: »Hier bin ich. Bitte hab mich lieb!«

Sie schreibt, daß sie ihn nicht mehr versteht. Ich verstehe ihn dafür umso besser. Er liebte sie einfach nicht. Wenn er sie geliebt hätte, hätte er den Kontakt mit ihr gesucht. Er wollte sie nicht verletzen, aber sie ließ ihn nicht los.

In der Beratungsspalte eines christlichen Magazins war folgender Brief abgedruckt: »Ich bin seit über zwanzig Jahren Witwe und habe geglaubt, über meinen Kummer und meine romantischen Vorstellungen hinweg zu sein. Vor kurzem traf ich auf einer Tagung einer Mann meines Alters, der seine Frau verloren hatte. Als ich Mitleid mit ihm zeigte, schien er sehr dankbar dafür zu sein und begann, mir beträchtliche Aufmerksamkeit zu schenken. Kurz und gut – ich verliebte mich in ihn.«

So weit, so gut. Das gibt es. Der Brief ging weiter:

»Dann war die Konferenz zu Ende, und ich fuhr nach Hause. Ein- oder zweimal rief er noch an, dann hörte ich nichts mehr von ihm. Später erfuhr ich, daß er sich mit einer anderen Frau regelmäßig traf.«

Auch das kann vorkommen.

Das Überraschende an der Sache war für mich die Antwort des Zeitschriftenberaters: »Wenn dieser Mann so unbeständig ist, wie er zu sein scheint, können Sie froh sein, daß die Beziehung zu Ende ist – je eher, desto besser. Es hätte Ihnen weit größeren Kummer verursacht, den ganzen Rest Ihres Lebens mit jemand zu leben, dem Sie nicht trauen können.«

Unzuverlässig soll der Mann sein – ein Mensch, dem man nicht trauen kann? Wovon sprach dieser Berater? Die Dame hatte zuerst ihr Mitleid bekundet. Der Mann freute sich darüber. Er schenkte ihr seine Aufmerksamkeit, aber nur, solange sie auf dieser Konferenz zusammen waren. Wieviel Zeit stand dort zur Verfügung, um eine Beziehung aufzubauen? Die Frau sagt ja nicht, daß er ihr von Liebe gesprochen hätte. Er hatte nur noch ein- oder zweimal angerufen. Das war eine nette Geste von ihm. Wie hätte er sich denn verhalten sollen? Ihre Erwartungen waren völlig unbegründet. Ich wüßte gerne, was sie gesagt hätte, wenn jemand auf der Tagung sich etwa so geäußert hätte: »Na, mir scheint, du hast ein besonderes Interesse an dem Witwer dort!« Vermutlich hätte ihre Antwort ungefähr so ausgesehen: »Mach dich nicht lächerlich! Seine Frau ist ja gerade erst gestorben! Können zwei Menschen nicht mal zusammensitzen, ohne daß jemand gleich an eine Liebesaffäre denkt?« Doch hier erwartet nun sie sehr viel mehr von dem armen Mann und ist verstimmt, daß er sich mit einer anderen Frau verabredet. Und der Berater bestätigt ihr auch noch, daß sie »schäbig« behandelt worden sei.

Ich kann das einfach nicht so sehen. Frauen erwarten oft zu viel von Männern.

Im Geist hörte ich die Protestrufe der Frauen. »Die Männer wollen nur herumspielen. Sie versuchen zu kriegen, was sie nur bekommen können, und führen uns an der Nase herum ...« usw. Das ist leider wahr genug. Und genau deswegen bitte ich die Frauen: »Wartet doch! Wartet auf Gott! Schweigt über die Sache. Erwartet nichts, bevor ihr nicht eine eindeutige, offene Erklärung erhalten habt.«

Und den Männern möchte ich ans Herz legen: »Bitte, seid behutsam mit uns. Seid umsichtig!«

Bevor Jim nach Ecuador ging, zeigte eine junge Frau ihm ganz offen, daß sie an ihm interessiert war. Sie behauptete, Gott habe sie aufs Missionsfeld gerufen, war aber nicht sicher, in welches Land – bis Jim erklärte, daß er nach Ecuador ginge. O ja, Gott wollte auch sie in Ecuador haben, davon war sie nun fest überzeugt. Jim, der immer versuchte, aus der Wahrheit zu leben und auch anderen auf diesen Weg zu helfen, lud das Mädchen zum Essen ein. Als sie beisammensaßen, erklärte er ihr klipp und klar, daß sie »auf dem Holzweg« sei, wenn sie irgendwelche besonderen Gefühle für ihn habe. Er sagte ihr auch, daß er bereits wüßte, wen er heiraten würde – falls Gott ihn jemals erkennen ließe, daß dieser Weg mit seinem Willen übereinstimme.

Eine Frau sollte mit einem Mann, der ihr sein Interesse bekundet, ebenso aufrichtig sein. Ein paar Monate, bevor meine Verlobung mit meinem zweiten Mann bekannt wurde, besuchte mich ein Witwer, den ich flüchtig aus meiner Schulzeit kannte. Wir gingen zum Essen aus, und er legte dabei seine Karten auf den Tisch. Er sprach davon, daß er sich mit dem Gedanken an eine neue Ehe befasse. Ich dankte ihm für seine Offenheit und ließ ihn nun meinerseits in die Karten sehen. »Ich weiß nicht genau, ob ich jemals wieder heiraten werde«, sagte ich, »aber wenn es dahin kommen sollte, steht für mich bereits fest, wer es sein wird.« Der Mann sandte mir zur Hochzeit einen großen Rosenstrauß mit einer Karte: »Mit herzlicher Eifersucht.«

Ein gutaussehender Neffe von mir wird öfter von Frauen zum Ausgehen gebeten. »Tut mir leid«, lautet regelmäßig seine Antwort, »das ist nicht meine Art. Wenn ich mich mit einer Dame verabrede, möchte ich, daß die Initiative von mir ausgeht. Aber vielen Dank trotzdem.«

Widerstehen Sie der Versuchung, mit den Gefühlen anderer Leute zu spielen. Es mag Spaß machen, andere zappeln zu lassen wie einen Fisch an der Angel, aber es ist grausam, unehrlich und auch gefährlich.

Was Männer sich wünschen

Meine Mutter erhielt in ihrer Schulzeit eine Auszeichnung als beliebtestes Mädchen. Sie war schlank, hatte dunkle Haare und blaue Augen. Sie war eine der ersten Frauen in der Stadt, die einen Führerschein besaß. Ihr Vater hatte ihr einen großen Wagen geschenkt, und sie machte mit ihrem Waschbärmantel und ihrem Hut aus Biberpelz eine gute Figur darin. Sie hatte ständig eine Schar von Verehrern um sich. Als ich erwachsen wurde, gab sie mir zwei Ratschläge – wirklich nur zwei – zum Thema »Männer«: »Überlaß ihnen das ›Nachlaufen‹ und halte sie auf einem halben Meter Abstand.«

Aber was ist, wenn sie mir nicht nachlaufen? Was soll werden, wenn sie niemals auf Armlänge herankommen?

Ich gebe hier vier Beispiele wieder, die mir zu diesem Thema berichtet wurden.

»Ich möchte gern heiraten«, sagte mir die erste Frau, eine Studentin. »Ich liebe diesen Mann aus tiefstem Herzen. Doch für ihn scheint unsere Beziehung nur eine ganz beiläufige Angelegenheit zu sein. Ich weiß kaum, wie ich in dieser Sache beten soll.«

Die zweite, eine junge Karrierefrau, saß eines Morgens bei mir am Küchentisch und sagte: »Seit Tagen hat er nicht mehr mit mir gesprochen. Sonst rief er jeden Abend an, ging in der Woche zwei- oder dreimal mit mir aus und schickte mir Blumen. Und plötzlich ist alles aus. Daraufhin versuche ich nun, ihn irgendwo zu treffen – im Aufzug, in der Halle, an den verschiedensten Plätzen, doch er weicht mir ständig aus. ›Nun komm schon‹, habe ich schließlich zu ihm gesagt, ›tu doch nicht so, als ob du mich nicht kennst!‹ Was meinen Sie, was soll das für einen Sinn haben, daß er mich einfach ignoriert? Können wir nicht wenigstens darüber sprechen?«

Vielleicht könnten sie das, wenn er es wollte. Aber wenn er nicht will – was gewinnt diese Frau, wenn sie sich ihm an den Hals wirft und bettelt: »Bitte sprich mit mir!«?

Die dritte Frau schrieb mir einen Brief. »Ist es angebracht, daß eine Frau einen Freund zum Ausgehen einlädt, oder bedeutet das schon ›nachlaufen‹? Ich habe das ein paarmal mit einem netten christlichen Bekannten gemacht, aber einiges hat er selbst bezahlt. Außerdem habe ich nicht den Eindruck von mir, daß ich ihm nachlaufe.«

Die vierte Ratsuchende berichtete: »Er war ein fröhlicher junger Mann, der beim Gespräch den Eindruck erweckte, als ob man die einzig wichtige Person für ihn sei. Ich verliebte mich in ihn, obwohl ich darum gebetet hatte, daß Gott mein Herz bewahrte. Bei einem Studententreffen verbrachten wir eine wunderbare Zeit miteinander. An einem kalten, klaren Abend machten wir einen langen Spaziergang über das Universitätsgelände und aßen schließlich irgendwo am Feuer eine Pizza. Er hatte auch einen Ihrer Vorträge gehört und ließ sich endlos lange darüber aus. Besonders betonte er immer wieder den Punkt, daß Ihrer Meinung nach die Männer die Initiative ergreifen und die Frauen sich auf die Reaktion beschränken sollten. Ich brauche wohl kaum zu erklären, warum ich seit meiner Rückkehr hier zu Hause sitze und darauf warte, ihm eine Antwort geben zu können – falls er irgendwie einen Anfang macht. Doch bisher hat er sich nicht mehr gemeldet.«

Diese vier Frauen sitzen im gleichen Boot. Sie fühlen sich zu Männern hingezogen, die sich nichts aus ihnen machen – wenigstens nicht genug, um die Initiative zu ergreifen. Eine betet, ist aber nicht sicher, was sie beten soll. Die zweite versucht es mit Konfrontation. Die dritte lädt *ihn* zum Ausgehen ein, läßt den Mann aber einen Teil der Kosten übernehmen. Die vierte wartet. In allen vier Fällen bin ich überzeugt, daß keine von ihnen das bekommt, was sie sich wünscht.

In dieser Zeit, in der Emanzipation, Gleichheit und Rollentausch groß geschrieben werden, mag mancher sich fragen: Ist es eigentlich so wichtig, wer was tut? Ich weiß nicht einmal, wie ich es nennen soll. »Werben« klingt ein bißchen altmodisch. »Den Hof machen«? »Nachlaufen«?

»Tu einfach, was dir gefällt und mach dir keine Gedanken, wie man es nennt«, so hört man es oft.

Das ist allerdings leichter gesagt als getan. Ich habe entdeckt, daß viele Menschen sich gar nicht so sicher sind, wie sie erst dachten, was ihnen gefällt. Vielleicht läuft da auf einer viel tieferen Ebene etwas ab; vielleicht geht es gar nicht nur um eine dumme äußere Regel, z.B. wer wen nun zuerst anruft.

Mein Mann und ich hatten einmal an einem Abend eine Gruppe von unverheirateten Männern aus einem theologischen Seminar eingeladen. Wir saßen um den Kamin und sprachen darüber, was alleinstehende Männer, die Christen sind, von alleinstehenden christlichen Frauen erwarten. Man hört eine Menge Frauenstimmen zu diesem Thema, doch die Meinung von Männern war uns bis dahin kaum bekannt. Es ging uns dabei nicht um die Frage, was sie von einer Frau in der Ehe erwarten, sondern einfach, wie sie sich den alltäglichen gesellschaftlichen Kontakt vorstellen.

»Halten Sie es für richtig, wenn eine Frau die Initiative ergreift?« war eine meiner Fragen.

»Es ist schockierend«, sagte jemand.

»Da ist der Ofen gleich aus«, sagte ein anderer.

»Wenn eine Frau klug ist, weiß sie, daß, biblisch gesehen, ihr Platz in der Unterordnung liegt. Von einem Mann wird erwartet, daß er die Verantwortung als Haupt der Familie übernimmt", meinte ein Mann.

»Unterordnung ist eine Anweisung an die *verheiratete* Frau, nicht wahr?« sagte ich nun. »Aber was erwarten Sie im alltäglichen Umgang miteinander an der Universität?«

»Absolute Ehrlichkeit.«

»Aha. Absolute Ehrlichkeit. Nehmen wir einmal an, eine Frau kommt eines Tages auf Sie zu und sagt: ›Ich finde, Sie sind der netteste Student an der ganzen Uni hier. Ich habe nun schon drei Wochen lang jede Nacht von Ihnen geträumt. Der Herr hat mir gezeigt, daß wir eine partnerschaftliche Beziehung miteinander anstreben sollten.‹ Sie sagt das ganz aufrichtig (vielleicht). Ist es das, was Sie sich wünschen?«

»O Himmel, nein! Das habe ich nicht gemeint.«

»Was denn sonst?«

Eine lange Weile blieb es still. Dann kamen langsam die Antworten.

Weiblichkeit – Bestätigung – Ermutigung – Zartheit – Empfindsamkeit – Verwundbarkeit.

»Sie muß nicht blendend aussehen, obwohl das natürlich nicht gegen sie sprechen würde.«

»Ich fände es schön, wenn eine Frau eine Art von Herausforderung für mich darstellte. Wenn sie von sich aus zurückhaltend ist, dann ist sie für mich interessant.«

»Es ist leicht zu erkennen, wenn eine Frau unbedingt heiraten will ... das wäre nicht mein Fall.«

»Tja, ich wünsche mir eine Frau, die sich auf Gott verläßt, die zufrieden ist und auch mit Mißgeschick fertig wird.«

»Besonnen und ruhig.«

»Sie sollte nicht versuchen, jedem zu gefallen. Doch ab und zu sollte sie die Freiheit besitzen, ein Kompliment zu machen, wenn es ehrlich gemeint ist.«

»Mütterlich sollte sie sein. Das ist ganz wichtig. Frauen sollten vor allem mütterlich sein.«

Ich war froh, daß wir an jenem Abend keine Frauen eingeladen hatten. Es hätte sie wahrscheinlich eine Menge Beherrschung gekostet, den Mund zu halten.

Es gab eine Sache, über die wir – soweit ich mich erinnere – nicht sprachen: den Bereich des Geheimnisvollen. Ein Mann liebt den Gedanken, daß in einer Frau mehr steckt, als er ergründen kann. Wieviel mag es geben, das vielleicht nur Gott kennt? Jahre, nachdem ich die Bibelschule verlassen hatte, erzählte mir ein Mann, daß er mich während der Vorlesungen oft angestarrt und dabei überlegt hätte, was in aller Welt mir durch den Kopf ginge. Es sei etwas Geheimnisvolles an mir gewesen, erklärte er, und das habe ihn fasziniert.

Was uns diese Studenten in unserem Gespräch am Kamin vermittelten, war folgendes: Männer wollen nicht alles erzählt bekommen, was Frauen denken. Sie wollen noch etwas zum Herumrätseln behalten und es selbst herausfinden.

Der Apostel Petrus sagt, die Schönheit einer Frau solle aus dem »unvergänglichen Schmuck des sanften und stillen Geistes bestehen, das ist köstlich vor Gott« (1. Petr 3,4).

Der Weg zur Herrlichkeit

> »Es kostet Christus und alle seine Nachfolger manchen Sturm, heftige Regengüsse und heißen Schweiß, bevor sie die Spitze des Berges erklommen haben. Doch immer noch wünscht sich unsere verweichlichte Natur, daß der Himmel uns im Schlaf nahekommt und sich zu uns niederlegt, damit wir den Weg zum Himmel in warmen Kleidern gehen können. Doch alle, die dort ankamen, hatten unterwegs nasse Füße bekommen; beißender Wind hatte ihnen das Gesicht zerschunden und auf dem Weg waren ihnen viele Höhen und Tiefen, Schluchten und Gratwege begegnet.«
>
> Rutherford

Immer suchen wir nach einer schnellen Antwort, einer einfachen Lösung, und vergessen dabei völlig, daß uns der Himmel nicht in den Schoß fällt.

Ich versuchte mir selbst klarzumachen, daß es weder das Warten noch die Trennung noch die Ungewißheit war, was am härtesten zu ertragen war, sondern das Schweigen.

17. August 1948
Das Schweigen beginnt an meiner Seele zu zerren. Es ist eine Art des Wartens, bei der man keine Stimme, keinen Fußtritt hört, kein Zeichen sieht. Ich habe das Gefühl, daß ich zehn Jahre warten könnte, wenn es nicht ein solches Warten wäre – diese fürchterliche Stille. Den Abend verbrachte ich an einem kleinen Teich, der den stummen Himmel in seinem Herzen zu halten schien. Kein Wellengekräusel, keine leichte Regung war zu sehen. Herr, laß mich ein solcher Teich sein.

Dieses »Zerren an meiner Seele«, diese endlos lange Qual der Sehnsucht – was war das anderes als der »heiße Schweiß« oder die »nassen Füße«, von denen Rutherford schrieb? Doch es hat nie einen anderen Weg zur Herrlichkeit gegeben. Von der frühesten Geschichte Israels bis zur Geschichte des Gottessohnes, der auf die Erde kommt, hat Gott die Menschen immer wieder durch allerlei Trübsal geführt. Da gibt es keine Abkürzungen.

War es für Gott wirklich nötig, die Gesinnung seiner Kinder vierzig Jahre lang in der Wüste auf die Probe zu stellen? Wären vierzig Tage nicht auch genug gewesen? Doch die Prüfung muß weitergehen ... immer weiter ...

John Buchan sagte es so: »Du hast den steilsten Weg gewählt, aber er führt dich direkt zum Gipfel.«

Durch Dinge, die uns im Herzen treffen, deckt Gott unsere innersten Absichten auf: » ... damit kund wurde, was in deinem Herzen wäre, ob du seine Gebote halten würdest oder nicht. Er demütigte dich und ließ dich hungern und speiste dich mit Manna ..."(5. Mose 8, 2–3).

Doch das Volk wollte kein Manna. Es wollte Lauch und Zwiebeln, Knoblauch und Brot, Fleisch und Wein und Öl – die gewohnte Nahrung.

Genauso ist es bei uns. Wir sind als Männer und Frauen geschaffen. Wenn Adam Eva brauchte, und sie für ihn geschaffen wurde, ist es dann nicht natürlich und ganz und gar angemessen und richtig, daß Männer und Frauen sich nacheinander sehnen?

Es ist in der Tat natürlich. Doch ist Erfüllung in diesem Bereich nicht das einzige, was Gott sich für uns ausgedacht hat. Unser Leben soll nicht auf das rein Natürliche beschränkt sein. Wir müssen lernen, aus dem Übernatürlichen zu leben. Die übliche Kost wird die Leere unseres Herzens niemals füllen. Brot ist nicht genug. Wir brauchen außergewöhnliche Kost: das »Manna«, das Gott uns bereitet hat. Wann sollten wir lernen, es zu essen, als wenn wir hungrig sind? Wie sollen unsere Sinne für himmlische Dinge empfänglich werden, wenn wir von irdischen übersättigt sind?

Mein Herz sagte: »Herr, nimm dieses Sehnen weg, oder gib mir das, wonach ich mich sehne.« Der Herr antwortete mir: »Ich muß dich lehren, dich nach etwas Besserem zu sehnen.«

» ... und speiste dich dann mit Manna, das du und deine Väter nie gekannt hatten, auf daß er dir kundtäte, daß der Mensch nicht lebt vom Brot allein, sondern von dem lebt, was aus dem Mund des Herrn geht« (5. Mose 8,3).

Gott wußte: Wenn er mir Jim gegeben hätte, als ich mich so sehr nach ihm sehnte, hätte ich viele wichtige Dinge nicht gelernt, die ich in der Zukunft brauchte. Indem ich lernte, das lebendige Brot zu essen, das immer nur für einen Tag ausreicht (nicht im voraus für die fünf Jahre, vor denen ich mich fürchtete), lehrte und erzog mich Gott und bereitete mich auf spätere Dinge vor.

6. Juli

Von Robert Louis Stevenson: »Jeder kann seine Bürde tragen, wie schwer sie auch sein mag – bis zum Abend. Jeder kann seine Arbeit tun, wie schwer sie auch ist – für einen Tag. Jeder kann freundlich, geduldig, liebevoll, rein leben – bis die Sonne sinkt. Und das ist alles, was Leben wirklich bedeutet ...«

»Darum sorgt nicht für morgen ...

Unser tägliches Brot gib uns heute ...« (Mt 6,34.11).

Heute abend ging ich an dem kleinen Steinmäuerchen entlang. Das Gras war weich, und ich fühlte es feucht an meinen bloßen Füßen. Ich sah eine Sternschnuppe fallen – ein silbernes Aufblitzen in der Dunkelheit – vorbei. In der Erinnerung schien mir seine Schönheit symbolhaften Charakter zu besitzen.

7. Juli

Die Losung für diesen Tag paßt genau: »So hat er, obwohl er Gottes Sohn war, doch an dem, was er litt, Gehorsam gelernt« (Hebr 5,8).

Wie konnte der Menschensohn es nötig haben, Gehorsam zu lernen?

Eine andere Übersetzung des letzten Verses spricht von der »Schule des Leidens«. Diesen Weg ist Christus gegangen. Und er fordert uns auf, ihm nachzufolgen – aber nicht allein. Er ruft uns in die Gemeinschaft von mit-lernenden Jüngern, die bereit sind, die strenge Schule zu durchlaufen, in die der Vater seinen Sohn schickte. Die gleiche sprachliche Wendung steht in 5. Mose, wo die Israeliten so angeredet werden: »So erkennst du ja in deinem Herzen, daß der Herr, dein Gott, dich erzogen hat, wie ein Vater seinen Sohn erzieht ... Denn der Herr, dein Gott, führt dich in ein gutes Land, darin Bäche und Brunnen und Seen sind, die an den Bergen und in den Auen fließen ... ein Land, wo du Brot genug zu essen hast, wo dir nichts mangelt ...« (5. Mose 8,5.7.9).

Das einzige Land, auf das meiner Meinung nach diese Beschreibung paßte, war eines, in dem ich Jims Frau sein würde. Das würde ein reiches Land sein. Da würde es »Bäche«, »Brunnen«, und »Seen« geben – alles, um den Durst zu löschen. Da würden wir ganz gewiß – selbst wenn wir in einem Zelt oder einer strohgedeckten Hütte wohnen müßten – immer »Brot genug zu essen« haben, und es würde uns »nichts mangeln«.

Ich mußte noch viel lernen. Jesus sagte mir das gleiche, was er auch seinen Jüngern gesagt hatte: »Ich habe euch noch viel zu sagen; aber ihr könnt es jetzt nicht ertragen« (Joh 16,12).

Seine Kraft ist in den Schwachen mächtig

13. August

»Was die eigene Seele an bitterem Schmerz zu fühlen bekam, sollte man an anderen nicht abreagieren« (Tamilen-Sprichwort).

Und Amy Carmichael schreibt: »Wenn ich irgend etwas, das mir bestimmt ist, hochspiele, es im Stillen oder unterschwellig andern gegenüber noch größer mache ... wenn ich sie denken lasse, daß es ›hart‹ ist ... wenn ich sehnsüchtig zurückschaue auf das, was früher war und mich auf den Seitenwegen der Erinnerung herumtreibe, so daß meine Kraft zum Helfen geschwächt wird, dann kenne ich die Liebe von Golgatha noch nicht.«

Es gibt wenig Dinge, die uns so sehr ins Selbstmitleid treiben können wie die Einsamkeit. Wir fühlen uns im Stich gelassen, betrogen. Jeder andere Mensch in der Welt scheint jemanden zu haben, mit dem er zusammensein kann, bei dem er Freude findet. Wir allein sind ausgeschlossen. Wir möchten einfach jammern.

Für mich war diese Versuchung sehr stark. Noch immer war ich in Oklahoma. Noch immer gab es keinerlei Verbindung zu Jim. Doch in dem Tamilen-Sprichwort und in den Worten von Amy Carmichael fand ich eine Kraft, die stärker war als die Versuchung. Sie half mir, in meiner Seele eine dehnbare Stärke zu entwickeln – einen Widerstand gegen den Druck, eine Art von Festigkeit, die Spannung ertragen kann, ohne zu zerreißen. Dreißig Jahre später hätte man mir vermutlich ganz andere Ratschläge gegeben: Man ermutigt heute eher dazu, anderen seinen Kummer so deutlich wie möglich mitzuteilen, alles, was einem »bestimmt ist«, hochzuspielen. Meiner Meinung nach beinhaltet diese Tendenz eine Schwäche und ermutigt zur Schwäche. Wir sollen zwar mit dem Schmerz anderer mitfühlen. Wir sollen einer des andern Last tragen, um das Gesetz Christi zu erfüllen.

Er trug ja alle unsere Sorgen, unsere Schwächen, unseren Kummer. Aber für uns gilt auch, daß wir unsere eigenen Lasten zu tragen haben. Das kann nur heißen, daß wir sie tapfer auf uns nehmen und nicht gleich auf die Schultern von anderen abschieben sollen, die vielleicht noch schwerer belastet sind als wir. Genau das meint das Tamilen-Sprichwort. Vor allem aber bedeutet es, daß wir uns nach der Agape ausstrecken sollen, der Liebe von Golgatha, nach dem Loslassen des eigenen Ichs, und nach der Stärke, anderen zu dienen.

Ich hatte keine innere Stärke. Wenn ich das bis dahin noch nicht gewußt hätte – aber natürlich wußte ich es –, wäre es mir spätestens jetzt klargeworden, wo ich Jim liebte und mich verzweifelt nach ihm sehnte. Es war eine Art von Schwäche, die da offenbar wurde, die mich überraschte und demütigte. Warum hatte ich ihn so nötig? Es ging mir wirklich ohne ihn nicht gut, und ich mußte eine neue Lektion lernen. Wenn bei uns irgendwo eine echte Schwäche besteht, dann ist das unsere Gelegenheit zu lernen, was Paulus durch seinen »Pfahl im Fleisch« lernte: Die Gnade Gottes ist alles, was wir brauchen, denn seine Kraft »ist in den Schwachen mächtig« (2. Kor 12,9).

Meine Gebete gingen etwa in die Richtung:

Gegen meine Einsamkeit, Herr, erbitte ich deine Kraft.

Gegen meine Versuchung zum Selbstmitleid, Herr, erbitte ich deine Kraft.

Gegen meine unbezähmbare Sehnsucht nach diesem Mann, Herr, erbitte ich deine Kraft.

Jesus kannte menschliche Einsamkeit in ihrer schärfsten Form. Als zwölfjähriger Junge wurde er von seinen irdischen Eltern nicht mehr verstanden. Sein Gehorsam gegenüber seinem himmlischen Vater verursachte ihnen Kummer. Bei seinem öffentlichen Auftreten hatte er gewöhnlich eine Menschenmenge um sich, die ihm nachlief, um ihre Sensationslust zu befriedigen oder ihn zu kritisieren oder gar ins Kreuzverhör zu nehmen. Bei den Zwölfen, die er als seine nächsten Freunde und Nachfolger erwählte, gab es Auseinandersetzungen und Mißverständnisse, und in der Stunde seiner größten Not verließen sie ihn. Nur in der Gestalt des Fleisches, als Mensch, konnte Christus unser Schicksal erfahren, unsere Versuchungen verstehen und unser Erlöser werden. Wie hätte uns einer retten können, der unsere Leiden und Qualen nicht selbst kennengelernt hätte? Nichts, was ich erlebte, hatte er nicht in der einen oder anderen Form schon durchgemacht. Die ewige Liebe war in diese Welt gekommen, in meine Welt, sogar in mein Herz, hatte seine Kämpfe kennengelernt und seine Schwachheit und Verworrenheit geteilt. Nichts von diesen Dingen würde mich daher von seiner Liebe trennen. Sie würden mir sogar die Möglichkeit geben, sie erst recht zu erfahren, und mich lehren zu rufen: »Abba, lieber Vater!«

»Der Geist selbst gibt Zeugnis unserem Geist, daß wir Gottes Kinder sind. Sind wir aber Kinder, so sind wir auch Erben, nämlich Gottes Erben und Miterben Christi, wenn wir denn mit ihm leiden, damit wir auch mit zur Herrlichkeit erhoben werden« (Röm 8,16–17).

Endlich ein Brief

Als unsere Wege sich zu meiner unbändigen Freude im September 1948 wieder kreuzten, sagte mir Jim, daß Gott ihm die innere Freiheit gegeben hätte, in Briefwechsel mit mir zu treten. Erneut sprachen wir über eine mögliche Ehe und überlegten, ob sie für uns wohl auf das Zugeständnis hinausliefe, daß Christus uns allein nicht genügte. Dieser Gedanke tauchte auf, als Jim 1. Korinther 7,37 las: »Wenn einer aber in seinem Herzen fest ist, weil er nicht unter Zwang ist und seinen freien Willen hat, und beschließt in seinem Herzen, seine Jungfrau unberührt zu lassen, so tut er gut daran.« Jim hatte in dem Gesangbuch, das er mir geschenkt hatte, eine Liedzeile unterstrichen: »Nichts soll mir werden lieber auf Erden als du, der schönste Jesus mein.« Wenn die Ehe uns nicht beschieden war, dann mußte uns Christus genügen. Wenn er uns mit sich selbst auch die Ehe schenken wollte, dann wollten wir sie als Gabe annehmen. Mit Geschenken aber ist es so, daß man nicht um sie bittet, sondern daß sie freiwillig und aus Liebe gegeben werden. Der Gedanke daran schien zu schön, um wahr zu werden, aber wir hofften trotzdem.

Als ich im Zug saß, der mich zur Bibelschule nach Alberta in Kanada bringen sollte, las ich im Kolosserbrief. In dem aufgeschlagenen Text begegnete mir Gottes großes Geheimnis: Christus in euch ... dann Warnungen vor zwanghafter Frömmigkeit, Selbstkasteiung, körperlicher Askese. Wie konnte ich erkennen, ob ich hierin schuldig wurde? Während jenes Semesters sagte einer unserer Dozenten häufig zu uns: »Die schwerste Sache der Welt ist – « und dann ließ er die Studenten den Satz beenden: »das Gleichgewicht zu halten.« Ich fand, daß das stimmte.

Am 4. Oktober 1948 erhielt ich den ersten Brief von Jim. Mit zitternden Fingern öffnete ich ihn. Heimlich hoffte ich, er würde mit »Liebste Betty!« überschrieben sein. Doch Jim hatte seine Zuflucht zu dem geistlich klingenden Anredewort »Geliebte« genommen. Der Brief war mit Schreibmaschine geschrieben; dadurch wirkte er unpersönlich und brachte mich außerdem auf den Gedanken, ob Jim vielleicht eine Kopie davon abgeheftet hätte.

»Es ist schwer, aus diesem Nebel heraus, der sich im Nachdenken über diesen Brief angesammelt hat, gleich etwas Kluges herauszugreifen, um Dich zu beeindrucken. Darum will ich es gar nicht versuchen, sondern gleich so weiterschreiben, als ob ich diesen Brief nicht erst im Moment angefangen hätte. Habe Deine Karte am Mittwochnachmittag erhalten. Klug von Dir, verheerend klug! (Auf der Karte hatte nur gestanden: »Vermisse dich! Betty«)

Ich wünschte, ich hätte ein ›Fühl-o-meter‹ in mir, um zu beschreiben, was in den letzten Tagen in mir vorgegangen ist. In mir war auf einmal ein großes Zittern. Ich erwähnte es schon bei unserem Gespräch an dem letzten Morgen in der Kapelle.

Und vor was sollte ein starker Kerl wie ich zittern? Es geht um drei Bereiche: Dich, mich, Gott. Dich: Ich zittere, weil ich fürchte, daß meine Voreiligkeit, Dir meine Gefühle zu offenbaren, Dein ganzes Leben durcheinanderbringt. Ich kann mir vorstellen, daß es für Dich nahezu unmöglich ist, den Willen des Herrn zu erkennen, ohne Dich durch eine Unmenge von Gedanken und Gefühlen über mich hindurchzukämpfen. Du hast bestimmt schon etwas davon gemerkt, als Du Dich bei einer Missionsgesellschaft in Afrika beworben hast. Und was ist, wenn es einmal hart auf hart kommt und Deine Gefühle dann stärker sind als Dein Glaube? Wer trägt dann die Verantwortung? Nicht nur Du! Darum fürchte ich: Wenn ich den Weg des Herrn auch nur für einen Augenblick außer acht lasse, könnte ich Dich mit mir ziehen und dann verantwortlich sein für die Zielverfehlung von zwei Leben.

Mein Zittern um mich: Ich kann mich selbst absolut nicht verstehen. Irgendwo tief unten, in den dunkelsten Bereichen des Bewußtseins, lebt ein riesiges Monster, das ich im Augenblick ›Hunger‹ nennen möchte. Das ist das einzig Beständige an mir: Verlangen. Vermutlich zur Bestürzung von Freud kann ich es beim besten Willen nicht als Sexualtrieb bezeichnen. Ich habe nämlich entdeckt, daß das den Magen des Untiers nicht füllen kann. Es verlangt nach einer vielseitigeren Nahrung, und nach einer, die nicht so leicht zu erlangen ist wie die sexuelle Befriedigung. Ich bin sehr dankbar, daß das buddhistische Nirwana nicht der Gipfel das geistlichen Lebens ist – ich wäre der ungeistlichste aller Menschen, wenn die absolute Sättigung das Ideal wäre. Das Ungeheuer ist nicht der Geist oder die Seele, und am allerwenigsten ist es der Körper. Das Ungeheuer ist vielmehr das Ich, das über diese anderen Bereiche spricht, streitet, lacht und doch immer noch mehr will. Es ist das Leben. Es sitzt dort tief unten und hat Hunger auf etwas, das es nicht benennen kann. Am ehesten könnte man diesem Unnennbaren den Namen Gott geben. Und Gott nährt es, wenn ich ihm die Erlaubnis gebe. Komisch, nicht wahr? Denn wer bin »ich« eigentlich dann? Nun, ich möchte mich hier nicht in metaphysische Erörterungen einlassen, aber was ich sagen will, ist, daß da ein Hunger nach Gott ist, der von Gott gegeben ist und von ihm gestillt wird. Ich kann einfach nur glücklich sein, wenn mir bewußt ist, daß er in mir das tut, was seinem Willen entspricht. Was mich zittern läßt, ist der Gedanke, daß ich noch einem anderen (z.B. Dir) erlauben könnte, den Platz einzunehmen, den mein Gott haben sollte. Und nun sagt mir eine Stimme, daß ich vielleicht beides haben kann. Ich bin dagegen, verstehst Du? Ich zittere nur, daß ich mich möglicherweise irre, wenn ich denke, Du könntest einer der Wege sein, auf dem Gott mir begegnen will.

Und drittens zittere ich im Gedanken an Gott oder besser gesagt, an meinen Herrn Jesus. Ich fürchte mich davor, daß auf irgendeine Weise mein göttlicher Liebhaber beleidigt werden könnte. Und was auch immer zwischen Dir und mir geschieht, laß uns daran denken: Auf seinen Befehl wird alles zurückgenommen. Ich bin ein großer, schwerfälliger Bauer und darf nicht gar zu sanft angefaßt werden. Oh, wie feinfühlig zieht mein geliebter Herr an mir! Und wie schwerfällig sind meine Reaktionen darauf! Mein größter Wunsch ist, daß er in mir Früchte seiner Mühen finden möchte und mit mir zufrieden ist. Doch das wird schwierig; wenn ich mit Dir rede, dann geraten der Wunsch, Gott zu gefallen und der Wunsch, Dich zu haben, irgendwie miteinander in Konflikt. Nein, erklären kann ich das nicht. Ich kann nur beschreiben, was ich fühle – und das nicht einmal sehr treffend.

Seit Du weg bist, ist es, als ob ein Schleier über meiner Seele liegt. Zwei Tage lang fehlte mir der Eifer fürs Gebet. Da gab es zu viel Schutt, so daß ich nicht dazu kam, an der Mauer zu bauen. Bitte lies Nehemia 4,4 dazu. Was mir daran auffällt, ist, daß es nicht die äußeren Feinde waren, die die Arbeit an der Mauer hinderten, als vielmehr das innere Durcheinander. Doch der Beweis für Gottes Wirken kam in der Antwort auf Sanballats Spott in Kapitel 3,34: ›Werden sie aus den Schutthaufen die Steine lebendig machen, die doch verbrannt sind?‹ Die eifrigen Juden taten es! Wende das einmal auf uns an und denke eine Weile darüber nach. Sind wir bereit, mit der Mauerkelle in der einen Hand zu bauen, während die andere das Schwert hält? Der Bau (Gottes

Werk) muß vorwärtsgehen, und wenn es Kampf gibt während unserer Arbeit, gut, dann wollen wir uns ›unten hinter der Mauer‹ (Neh 4,7) aufstellen. Und ich gebe Dir die Worte weiter, die Nehemia zu den Adligen seines Volkes sprach: ›Das Werk ist groß und weit, und wir sind auf der Mauer weit verstreut und fern voneinander ... Unser Gott wird für uns streiten‹ (Neh 4, 13–14).

Ich muß Dir noch bekennen, Betty, daß ich bedauere, daß wir im körperlichen Kontakt so weit gegangen sind, auch wenn die meisten Menschen das sicher als nicht weit einschätzen würden. Wir müssen an dieser Stelle wachsam sein, wenn wir wieder beieinander sind, denn es hat mich mit Verlangen nach Deinem Körper erfüllt. Und dieses Verlangen kommt mir wie ›Schutt‹ vor, der die Arbeit hindert. Du mußt da ganz hart mit mir sein. Ich weiß, daß wir nicht die gleiche Veranlagung haben, und ich fühle, daß ich Dich mehr brauche als Du mich. Nietzsche hat einmal etwas gesagt, das uns hier gilt: ›Man muß mit dem Feiern aufhören, wenn es am schönsten ist. Das wissen alle, die ihrer Liebe Dauer verleihen möchten.‹ Verstehst Du, was er meint, wenn er sagt: ›Viel zu lange waren ein Sklave und ein Tyrann in der Frau versteckt. Darum ist eine Frau der Freundschaft nicht fähig. Sie kennt nur die Liebe‹? Eine solche Freundschaft fand ich bei Billy – er ist weder ein Höriger (obwohl er mich liebte) noch ein Diktator (obwohl er allgemein sehr geschätzt wurde). Wir begegneten uns auf gleicher Ebene zu den Füßen des Allmächtigen! So wünsche ich es mir zwichen Dir und mir. Fürchte nicht, mich mit dem ›lebendigen Schwert‹ zu verletzen, sondern benütze es zu diesem Zweck. Sei mehr als meine Geliebte – sei mein Freund. Wir sprachen damals im Mondschein darüber. ›Liebt euch untereinander, wie ich euch geliebt habe.‹ (Joh 13,34). Erinnerst Du Dich noch?

Wie soll ich den Herrn dafür preisen, daß er mir heute morgen den Schleier von der Seele weggenommen hat? Beichte tut der Seele wohl – für mich war sie heute morgen etwas Unausweichliches. Ich warf alle Belastungen auf ihn, und die Wahrheit, die Johannes (in 1. Johannes 1,9) ausspricht: ›er reinigt uns von aller Ungerechtigkeit‹ wurde mir ganz kostbar. Wie liebevoll hat er mir ›Frieden verkündigt‹, der ich fern war vom Herrn (Eph 2,13.17).

O Betty, laß uns in der Nachfolge nicht abgelenkt werden. Nur um Dir deutlich zu machen, was für ein schlechter Schriftsteller ich bin, möchte ich Dir sagen, wie lange ich zur Abfassung dieses Briefes gebraucht habe: zwei Stunden. Ein Teil geht natürlich ab fürs Maschineschreiben, das ist klar.

Hast Du auch erlebt, was in Psalm 116,8 steht: ›Denn du hast meine Seele vom Tode errettet, mein Auge von den Tränen, meinen Fuß vom Gleiten‹?

Zärtlich

Dein Jim«

Eine Frage der Keuschheit

Der »Schleier auf der Seele«, von dem Jim schrieb, sein Bedauern, daß wir im körperlichen Kontakt »so weit gegangen waren«, sein »Verlangen«, der »Schutt« – was bedeutete das alles?

Es war eine Frage der Keuschheit. In der heutigen Gesellschaft ist das ein aus der Mode gekommenes Wort; für einen Christen bedeutet es eine wichtige Pflicht. Keuschheit ist die Enthaltung von sexueller Betätigung. Für einen Christen gibt es nur eine einzige Regel: totale Enthaltung von aller sexuellen Aktivität außerhalb der Ehe und absolute Treue innerhalb der Ehe. Und das gilt ohne Wenn und Aber. Mönche und Nonnen legen ein Gelübde der Keuschheit ab, das für sie das ganze Leben lang dauert, da sie nicht heiraten. Es gibt allerdings manche unter ihnen, die das gern ändern wollen. Ich weiß von einer Gruppe von Mönchen, die den Versuch gemacht haben, außereheliche Alternativen zum Ausdruck der Sexualität zu finden. Ich fürchte, diese Mönche verschwenden ihre Zeit. Ihre Idee ist nicht neu. Jede Alternative zur ehelichen Sexualität wird Nacht für Nacht in Colleges und Universitäten (Theologische Seminare nicht ausgenommen) ausprobiert. Die Klöster sollten sich mit anderen Dingen befassen.

Der körperliche Kontakt, von dem Jim sprach, bestand darin, daß ich mich bei ihm einhängte, wenn wir zusammen spazierengingen, und daß wir beim Sitzen unsere Schultern aneinanderpreßten. Ein einziges Mal geschah es, als wir auf einer Parkbank saßen, daß er sich plötzlich herüberbeugte und den Kopf in meinen Schoß legte. Meine Finger spielten in seinem Haar.

Keusch sein heißt: unerlaubten sexuellen Aktivitäten nicht nachgeben. Wer könnte uns dessen beschuldigen?

Wir versuchten, aufrichtig vor Gott zu leben, nicht vor irgendeinem weltlichen Tribunal. Unsere christlichen Zeitgenossen lagen sich im Auto in den Armen, hielten auf dem Universitätsgelände Händchen und küßten sich in den Fluren des Wohnheims.

Wenn Referenten in die Universität kamen und zu diesem Thema sprachen, wurde immer wieder die Frage gestellt: »Wo ist die Grenze, wie weit dürfen wir gehen?«

Wir empfanden die starke Anziehungskraft, die wir aufeinander ausübten. Wenn wir uns nahe waren, schwebten wir wie auf Wolken. Dieses ganz menschliche, ganz natürliche Sehnen wurde durch jede noch so leichte Berührung zum äußersten gesteigert. Und die Vorstellung einer innigen Umarmung oder auch nur eines einzigen Küßchens erschien uns wie der Himmel auf Erden. Ehrlichkeitshalber mußten wir zugeben, daß wir nicht so genau wußten, wo die Grenze gezogen werden mußte. Und wir spürten, daß in uns Kräfte waren, die leicht aus der Kontrolle geraten konnten. Keuschheit bedeutete für uns, daß wir auch nicht der kleinsten Geste oder den leisesten Gedanken Raum gaben, die sich nicht mit unserer Hingabe an Gott vereinbaren ließen.

Die wichtigsten Dinge sollten für uns auch an erster Stelle stehen. Gottes Arbeit wollten wir zuerst tun – »die Mauer« bauen.

Alles ganz Menschliche und ganz Natürliche in uns muß zuerst geopfert werden. Der Körper muß ein lebendiges Opfer sein, heilig und Gott wohlgefällig. Durch dieses Opfer wird er nicht unmenschlich und unnatürlich, so wenig der Körper, den Gott seinem Sohn bereitete und den Jesus dem Vater zurückgab, durch sein Opfer unmenschlich oder unnatürlich geworden wäre. Der Leib ist und bleibt menschlich und natürlich. Aber doch ist er heilig und Gott wohlgefällig.

> »Denn das ist der Wille Gottes, eure Heiligung, daß ihr meidet die Unzucht und ein jeder von euch seine eigene Frau zu gewinnen suche in Heiligkeit und Ehrerbietung, nicht in gieriger Lust wie die Heiden, die von Gott nichts wissen. Niemand gehe zu weit und übervorteile seinen Bruder im Handel: denn der Herr ist ein Richter über das alles, wie wir euch schon früher gesagt und bezeugt haben. Denn Gott hat uns nicht berufen zur Unreinheit, sondern zur Heiligung. Wer das nun verachtet, der verachtet nicht Menschen, sondern Gott, der seinen heiligen Geist in euch gibt« (1. Thess. 4,3–8).

Wieviel verrät ein Kuß?

»Wie um alles in der Welt kannst du dir sicher sein, daß du einen Menschen heiraten willst, wenn du ihn niemals geküßt hast?« Das habe ich oft von Studenten gehört.

Und ich antworte mit einer Gegenfrage: „Wie um alles in der Welt kannst du sicher sein, daß du einen Menschen heiraten willst, nur weil du ihn geküßt hast?«

Als Abraham seinen Knecht aussandte, um eine Frau für Isaak zu finden, gab es kein Ausprobieren mit Hilfe von Intimitäten. Der Knecht – ein dritter also – mußte die Braut ansehen und einschätzen, ob sie es wert und geeignet sei, Isaaks Frau zu werden. Er suchte den dafür zweckmäßigsten Ort auf – den Brunnen außerhalb der Stadt. Hier erschienen die Frauen regelmäßig. Aufmerksam schaute der Knecht sich um und redete dabei im stillen mit Gott. Er hatte ihn noch einmal besonders gebeten, ihm ein Zeichen zu gewähren: Das Mädchen, das er um einen Trunk Wasser bitten würde, sollte – wenn es die Richtige wäre – nicht nur ihm zu trinken geben, sondern auch seinen Kamelen. »Der Mann aber betrachtete sie und schwieg still, bis er erkannt hätte, ob der Herr zu seiner Reise Gnade gegeben hätte oder nicht« (1. Mose 24,21).

Noomi, Ruts Schwiegermutter, suchte den Gatten für sie aus und sagte ihr ganz genau, welche Schritte sie unternehmen sollte. Es gibt eine Menge Menschen, deren Ehen von anderen arrangiert wurden. Und der Anteil an erfolgreichen Verbindungen dieser Art scheint wesentlich höher gewesen zu sein als bei unseren heutigen »selbstgemachten« Ehen. Ein Missionar erzählte mir einmal von den Eheseminaren, die er für Indianer hielt. »Soll das heißen, daß diese Leute Eheprobleme haben?« fragte ich. (Die Indianer, unter denen ich in Südamerika gearbeitet hatte, kannten so etwas nicht.)

»Und ob!« sagte er, »seit sie die Gewohnheiten der Weißen übernommen haben und keine Ehen mehr arrangieren.«

Es ist kaum anzunehmen, daß unsere Gesellschaft jemals zu diesen früheren Bräuchen zurückkehren will. Wir bleiben in unserem verworrenen System stecken. Sei's drum, trotzdem kann man allein durch Beobachtung viel über einen zukünftigen Partner erfahren.

Aus respektvollem Abstand, ohne daß er etwas ahnte, hatte ich die Gelegenheit, den Charakter Jim Elliots zu beobachten. Ich habe schon berichtet, wie ich ihn in der Schlange im Speisesaal stehen sah, mit seinem Bibelvers oder Vokabel-Karten in der Hand – er war offensichtlich ein Mann, der sorgsam mit seiner Zeit umging. Ich sah seine Freundlichkeit und seine Begeisterung. Ich merkte, wie er seine Studien betrieb. Ich sah ihn im Ringkampf (in vier Staaten gewann er einen Meistertitel) und beobachtete ihn, wie er den Arbeitskreis für äußere Mission leitete, hörte ihn beten. Er hatte nichts Arrogantes und auch nichts Muffiges an sich. Ich beobachtete, wie er sich kleidete. Er vergeudete nicht viel Zeit und Aufmerksamkeit darauf. Er trug die gleichen zwei oder drei Hosen, den gleichen Mantel und die gleiche Strickjacke jahrelang. Von Mode oder von Farbkombination nahm er kaum Notiz, lief aber auch nicht verlottert umher. Diese Dinge waren mir nicht unbedingt der Beweis dafür, daß er der Mann war, auf den ich gewartet hatte, aber sie gaben mir doch einen Hinweis, daß Kleidung und Äußeres auf seiner Prioritätenliste nicht obenan standen. Als wir uns im Gespräch näher kennenlernten, bestätigten sich meine ersten Vermutungen. Lange bevor ich Grund hatte zu glauben, daß er möglicherweise an mir interessiert sei, hatte ich ihn zu den Männer eingerechnet, von denen ich mir vorstellen konnte, sie zu heiraten. Küssen und Händchenhalten würden diese Überzeugung nicht bestärken (jeder kann küssen und Händchen halten). Im Gegenteil, das hätte sie eher geschwächt. Ich wollte nämlich einen Mann heiraten, der auch bereit war, gegen den Strom zu schwimmen.

Ich hielt es für selbstverständlich, daß es auf der Welt noch ein paar Männer gab, die diese Kraft aufbrachten. Und ich ging davon aus, daß diese Männer auch nach Frauen suchen würden, die die gleichen Prinzipien vertraten. Ich wollte nicht zu herabgesetztem Preis auf der Theke liegen – billiger, weil leicht angeschmutzt. Da drängen sich die Massen. Dagegen gibt es nur wenige, die den vollen Preis zahlen wollen. Es heißt aber nicht umsonst: »Du bekommst das, wofür du bezahlst.«

»Denn so sprach der Herr zu mir, als seine Hand über mich kam und er mich wärmte, ich sollte nicht wandeln auf dem Wege dieses Volks: Ihr sollt nicht alles Verschwörung nennen, was dies Volk Verschwörung nennt, und vor dem, was sie fürchten, fürchtet euch nicht und laßt euch nicht grauen, sondern verschwört euch mit dem Herrn Zebaoth; den laßt eure Furcht und euren Schrecken sein« (Jes 8, 11–13).

Es ist eine ganz große Lüge, wenn jemand argumentiert, weil der Sexualtrieb natürlich, gesund und von Gott gegeben ist, sei alles, was man aus diesem Trieb heraus tue, auch natürlich, gesund und von Gott bejaht.

»Wie kann etwas, das einem so gut tut, so schlecht sein?«

»Intimer Verkehr ist ein Akt der Anbetung«.

»Sich den Ausdruck dieses Verlangens zu versagen, ist gefährlich – es bedeutet Verdrängung und führt zur Perversion u.ä.«

»Keiner kann dieses innere Feuer unter Kontrolle halten, solange er jung ist.«

Lügen – alles Lügen.

Christen, die solchen Unsinn akzeptieren, haben keine Ehre. Sie haben alle Vorstellungen von Treue, Verzicht und Opfer aufgegeben, weil es sich nicht zu lohnen scheint. Es gibt einfach nichts mehr, für das sie den Preis einer wirklichen, bewußten, schmerzlichen und nüchternen Selbstverleugnung zu zahlen bereit sind – mit Ausnahme (und ich bin davon überzeugt, daß das eine bezeichnende Ausnahme ist) von sichtbaren Gewinnen wie Geld und Sport. Wenn junge Menschen heute noch Helden verehren, dann sind es Athleten. Wenn sie Vorbilder für Ausdauer und Opferbereitschaft und Disziplin haben, dann sind es Sportler. Wenn ein Mann sich selbst verleugnet und auf Bequemlichkeit, Ferien, Vergnügungen mit seiner Familie oder Abende zu Hause oder sonst etwas verzichtet, das ihm Spaß machen würde, dann geschieht es gewöhnlich um des Geldes willen. Kein Mensch macht sich groß Gedanken darüber und nennt das Verdrängung oder fanatisch oder auch nur merkwürdig, solange Geld das entscheidende Motiv ist.

Wenn wir uns die Reinheit des Herzens als Ziel gesetzt haben, müssen wir uns darauf gefaßt machen, als Außenseiter und höchst sonderbare Menschen angesehen zu werden.

Das Prinzip der Liebe

Wie kann man gegenüber einer Generation, für die es eine Selbstverständlichkeit ist, daß beinahe jeder mit jedem ins Bett geht, wenn er Lust dazu hat, von ein paar unbedeutenden Küssen als Sünde reden? Gibt es unter denen, die im Meer der Anpassung oder Zügellosigkeit treiben, noch solche, die nach dem Leuchtfeuer der Reinheit Ausschau halten? Wenn ich daran nicht mehr glauben könnte, würde ich mir die Mühe des Schreibens nicht machen.

Ich fürchte, daß die meisten Menschen beim Begriff der Reinheit an eine Karikatur des Puritanismus denken, worunter sie eine sture, gesetzliche Ablehnung aller fleischlichen Vergnügungen verstehen. In Wirklichkeit waren die Puritaner sehr irdische Menschen, die mit beiden Beinen mit Leben standen. Weder das Konzept der Reinheit noch die Lehre der Puritaner verleugnen das Leben. Sie beziehen sich nur zurück auf den Geber des Lebens. Reinheit bedeutet frei sein von Verunreinigung, von allem, was den Geschmack oder die Freude verdirbt, die Kraft reduziert oder in irgendeiner Weise die ursprüngliche Zielsetzung einer Sache verfälscht. Reinheit bedeutet Sauberkeit, Klarheit ohne Zusätze, nichts Künstliches – in anderen Worten: alles Natürliche, in dem Sinn, wie es der Schöpfer ursprünglich gewollt hat.

Kann ich kategorisch sagen, daß ein Kuß Sünde ist? Er könnte es sein. Ich kann sagen, daß er vielleicht die klaren Grenzen verwischt, den Geschmack verdirbt und die Freude verringert, die die Zukunft noch bringen soll. Vielleicht schwächt er die Kraft. Vielleicht bringt er das Herz in Verwirrung. Ich möchte mich aber auch nicht des Pharisäertums schuldig machen. Jesus verurteilte die Pharisäer, weil sie menschliche Gebote als göttliche Heilslehren verkündigten. Sie bekannten sich zu vielem, aber sie verwirklichten im eigenen Leben wenig davon. Ihr Gottesdienst war vergeblich, weil sie ihn nur mit den Lippen verrichteten, während ihre Herzen fern von Gott waren. Es geht immer und zu jeder Zeit zuerst um die Einstellung des Herzens. Gott kennt sie. Andere vermögen wir zu täuschen, allzu leicht sogar uns selbst. Doch dem demütigen und aufrichtigen Herzen wird die Wahrheit immer wieder gezeigt werden.

»... so wissen wir, daß wir alle die Erkenntnis haben. Die Erkenntnis bläht auf; aber die Liebe baut auf. Wenn jemand meint, er habe etwas erkannt, der hat noch nicht erkannt, wie man erkennen soll. Wenn aber jemand Gott liebt, der ist von ihm erkannt« (1. Kor 8, 1–3). Paulus schrieb das an Leute, die verwirrt darüber waren, ob es recht sei oder nicht, Fleisch zu essen, das vorher Götzen geopfert worden war. »Aber Speise wird uns nicht vor Gottes Gericht bringen. Essen wir nicht, werden wir darum nicht weniger gelten. Essen wir, so werden wir darum nicht besser sein. Seht aber zu, daß diese eure Freiheit für die Schwachen nicht zum Anstoß wird ... Darum, wenn Speise meinen Bruder zu Fall bringt, will ich nie mehr Fleisch essen, damit ich meinen Bruder nicht zu Fall bringe« (1. Kor 8, 8–9.13).

Es war das Prinzip der Liebe, das Jim und mich dazu brachte, so behutsam miteinander umzugehen und Abstand voneinander zu halten. Wir wußten, daß wir zuerst Christus gehörten und wir wünschten, daß er die Gefühle unseres Herzens beherrschen sollte.

William Wilberforce schrieb:[7]

> »Miß deinen Fortschritt an deiner Erfahrung der Liebe Gottes und ihrer Ausübung vor Menschen ...
>
> Im Gegensatz dazu ist das Knechtische, Unechte und Käufliche Kennzeichen des Verhaltens der Masse von ›Namenchristen‹.
>
> Sie geben nicht mehr als das, was sie nicht vorzuenthalten wagen. Sie verzichten auf nichts, als auf das, was sie nicht zu praktizieren wagen ...
>
> Über kurz oder lang empfinden sie das Christentum nur noch als ein System von Vorschriften. Es ist dann aller freiheitlichen und großzügigen Prinzipien beraubt. Sie stellen es so dar, als ob es in den gesellschaftlichen Beziehungen des menschlichen Lebens nicht anwendbar wäre und nur in die düsteren Mauern eines Klosters passe, in das sie es einsperren möchten.
>
> Doch echte Christen haben nicht das Empfinden, daß sie in Gott nur einen rigorosen Gläubiger zu befriedigen hätten, sondern sie erfüllen ihm gegenüber eine Schuld der Dankbarkeit. Dementsprechend kennen sie keine knauserige Abzahlung eines erzwungenen Gehorsams, sondern nur das umfassende und großzügige Maß eines freiwilligen Gottesdienstes.«

Damit ist gut ausgedrückt, um was es geht – eine Schuld der Dankbarkeit, das großzügige Maß eines freiwilligen Dienstes. So etwas kann ich niemandem als »Gesetz« aufpressen.

In der Liebe zwischen Mann und Frau sollte gegenseitige Hochachtung zum Ausdruck kommen. Ich wollte Jim nicht davon abhalten, Gottes Berufung zu gehorchen, seine Kräfte nicht ablenken oder in irgendeiner Weise seiner radikalen Hingabe an Gott im Wege stehen. So verstand ich wahre Liebe. »Und das ist die Liebe, daß wir leben nach seinen Geboten, das ist das Gebot, wie ihr's gehört habt von Anfang an, daß ihr darin lebt« (2. Joh 6).

»Gut, das mag für manche gelten. Das heißt noch lange nicht, daß sich jeder Mensch danach richten muß …«

Gott führt seine geliebten Kinder verschiedene Wege. Aber bestimmte Merkmale der Hingabe verlangt er von allen. Jeder, der ihm folgen will, muß:

1. sich selbst aufgeben,
2. sein Kreuz auf sich nehmen,
3. ihm nachfolgen.

Und das bedeutet, jeden Tag zu versuchen, das zu tun, was er uns geboten hat, und das nicht zu tun, was er uns nicht erlaubt.

Es gibt Dinge, die man anstreben, und Dinge, die man vermeiden sollte. Diese diversen »Tu-das« und »Tu-das-nicht« mögen uns nicht angenehm sein, aber sie kommen uns aus der Bibel entgegen. Paulus gab dem jungen Timotheus viele praktische Anweisungen. Er sagte ihm z.B.: »Halte dich fern von ungeistlichem Geschwätz; denn es führt mehr und mehr zu ungöttlichem Wesen … Fliehe die Begierden der Jugend! Jage aber nach der Gerechtigkeit, dem Glauben, der Liebe, dem Frieden mit allen, die den Herrn anrufen aus reinem Herzen« (2. Tim 2, 16.22). Wiederholt mahnte er ihn, sich aus nutzlosen Streitereien herauszuhalten und selbst eine lebendige Demonstration dessen zu sein, was er predigte. Das ist auch eine gute Lehre für uns heute. Diejenigen, die lieber streiten als gehorchen, müssen wir in Ruhe lassen. »Denn es wird eine Zeit kommen, da sie die heilsame Lehre nicht ertragen werden, sondern nach ihren eigenen Gelüsten werden sie sich selbst Lehrer aufladen, nach denen ihnen die Ohren jucken, und werden die Ohren von der Wahrheit abwenden … Du aber sei nüchtern in allen Dingen, leide willig, tu das Werk eines Predigers des Evangeliums, richte dein Amt redlich aus« (2. Tim 4, 3–5).

Übermut und Reue

»Er gab mir die Freiheit zu schreiben, wenn ich das wollte. Für mich ist das keine Sünde mehr«, schrieb mir Jim ein paar Wochen später, während ich, wie gewöhnlich, noch voller Vorbehalte war, ob das recht sei, was wir taten.

> »Der Geist Gottes hat mir die Freiheit gegeben, Dir zu schreiben, solange ich das Verhältnis zu Dir mit reinem Gewissen pflege. Aber es könnte sein, daß meine Freiheit jetzt weiter geht, als Du es ertragen kannst. Dann sollte unsere Beziehung eingeschränkt werden. Ich bin bereit, auf die Korrespondenz wieder zu verzichten, wenn meine Freiheit Dir Kummer bringt. Ich habe den Eindruck, daß es jetzt an Dir ist, darüber zu entscheiden. Du weißt am besten, was unser Briefverkehr für Dich bedeutet. Meine Antwort vom Herrn auf die Frage nach Ehe oder Verlobung ist zur Zeit immer noch ein entschiedenes Nein, und ich weiß nicht, ob und wie sich das ändern könnte und was dann passieren würde. Kannst Du es ertragen, eine wachsende Liebe zu nähren, die vielleicht ohne Erfüllung irgendwann aufhören muß? Ein einziges Wort von Dir genügt, um die Sache zu klären.«

Das Wort von mir war, daß wir uns weiterhin schreiben konnten. Jims Freiheit befreite mich auch.

Etwas Merkwürdiges passierte während des letzten Jahres, das Jim im College verbrachte. Er nannte es sein »Wiedererwachen« – eine neue Offenheit gegenüber dem gesellschaftlichen Leben, Freundschaften mit Leuten, die er nicht unbedingt als besonders »geistlich« ansah, die Freiheit, mit Mädchen auszugehen, wenn er Lust dazu hatte, und viel Spaßmacherei, die seiner natürlichen Anlage zur Schauspielerei Ausdruck gab. Ich hörte es hintenherum und war verletzt. Was war nur mit ihm los?

Jims Erklärung lautete einfach, daß der Herr ihn von einigen alten Zwängen befreit habe. Er dürfe sich nun entfalten, Grenzen überschreiten, sich am Leben freuen. Er gab zu, daß er es zu weit trieb. Von anderen hörte ich, daß er ein paar Mädchen geküßt hatte. Ich fragte Jim danach und er antwortete:

> »Ja, ich habe das getan, wovon Du erfahren hast – ganz und gar in fleischlicher Weise. Und das gleiche Ich schrieb einmal etwas über ›die Reinheit in der Liebe‹. Du magst darüber urteilen, ob mich in dieser Sache das Fleisch oder der Geist bestimmt hat. Und die Tatsache, daß es mein Gewissen belastete, Dich verletzte, andere straucheln ließ und Christus Unehre gemacht hat, erfüllt mich jetzt mit tiefem Kummer. Meine Tat, ihre Folgen, den Schmerz darüber – ich will es vor die Augen meines Richters bringen und mich schämen. Das alles hat nun ein Ende – und kein billiges.«

Es ist nichts Neues, daß die Beziehung, die einem Mann am meisten bedeutet, nach sehr viel strengeren Richtlinien verläuft als eine gelegentliche Begegnung. Weil die Mädchen, die er geküßt hatte, ihm nichts bedeuteten, hatte Jim die Sache zuerst leichtgenommen. Ich konnte das nicht. Ich hatte von Jim Vollkommenheit erwartet oder zumindest die Kraft zur Konsequenz. Das fand ich bei ihm aber nicht, und er fand natürlich auch bei mir weder Vollkommenheit noch Konsequenz. Aber er bereute sein Tun.

> »Ich kenne die tränenreiche Reue nicht, die ich gern kennen wollte, weil ich einen falschen Weg gegangen bin und andere irregeführt habe. Dr. Brooks (der Dekan) hat recht, wenn er sagt, daß ich viel zu bereuen habe, wenn ich auf das vergangene Jahr zurückblicke. Aber gleichzeitig muß ich auch sagen, daß ich sehr viel Grund habe, Gott dankbar zu sein. Meinst Du, das sei nicht zu vereinbaren? Doch, es ist tatsächlich so. Ich habe vor Gott, der Klasse, den Freunden aus dem Arbeitskreis für äußere Mission, vor Dir und einigen anderen meine Schuld bekannt. Und ich bin erleichtert. Wenn ich noch mehr tun muß – ich bin offen für Kritik. Erwartest Du noch etwas von mir?«

Was sollte ich noch weiter erwarten? Jim Elliot war ein Mensch. Menschen sind Sünder. Das war die einfache Wahrheit. Er war mein Ideal, aber ich mußte die Wahrheit akzeptieren. Er hatte mich enttäuscht. Hatte ich ihn nicht auch oft enttäuscht?

> »Wenn wir sagen, wir haben keine Sünde, so betrügen wir uns selbst, und die Wahrheit ist nicht in uns. Wenn wir aber unsere

Sünden bekennen, so ist er treu und gerecht, daß er uns die Sünden vergibt und uns reinigt von aller Ungerechtigkeit. Wenn wir sagen, wir haben nicht gesündigt, so machen wir ihn zu Lügner, und sein Wort ist nicht in uns … Jesus Christus … ist die Versöhnung für unsere Sünden« (1. Joh 1,8–10; 2,1–2).

Ein Wiedersehen

Ein ganzes Jahr ging vorüber, bevor ich Jim wiedersah. Wir schrieben uns, aber nicht allzu oft. Ich beendete meine Ausbildung an der Bibelschule, und Jim war im Juni 1949 mit dem College fertig. Ich übernahm einen Auftrag zur Mitarbeit bei der kanadischen Sonntagsschulmission, an einem abgelegenen Ort namens »Patience« (Geduld). Ich hatte Geduld wirklich nötig. Jim wies mich auf Jesaja 59,9 hin: »Wir harren auf Licht, siehe, so ist's finster, auf Helligkeit, siehe, so wandeln wir im Dunkeln.»

Seine Mutter schrieb mir im August. Sie lud mich ein, auf meinem Heimweg von dem Einsatz einen Abstecher zu ihnen nach Portland zu machen. Mein Tagebuch spiegelt das Schwanken zwischen Befürchtung und Zuversicht wider: Es ist falsch, dorthin zu gehen, es ist in Ordnung; Gott führt; nein, es ist meine eigene Entscheidung, weil ich Jim wiedersehen möchte. Sollte ich das Geld, das meine Eltern mir geschickt hatten, als »Zeichen« ansehen? Was bedeutete der Brief von Frau Elliot, und wie sollte ich darauf antworten? Würde Jim wirklich froh sein, wenn ich käme, oder wäre es für ihn eine Belastung? usw. usw. Schließlich nahm ich das Angebot an und fuhr mit dem Bus hin.

Von Seattle an saß ich neben einem Matrosen, der genauso eifrig in ein Buch vertieft war wie ich. So kam es zu keinem Gespräch, bis wir in der Nähe von Portland waren. Plötzlich schaute er mich an und sagte: »Ich habe noch nie jemand so still sitzen sehen wie Sie. Sie haben während der ganzen Fahrt nicht einen Muskel bewegt. Haben Sie Angst, oder was ist los?« Mir war ganz schlecht vor Aufregung. Als der Bus die Haltestelle erreichte, war niemand da, um mich abzuholen.

Ich lief ein wenig herum und sah meine schlimmsten Ahnungen bestätigt. Aber Jim war plötzlich da. Er stand am falschen Platz und hielt dort nach den ankommenden Bussen Ausschau. Mir drehte er den Rücken zu. Ich blieb stehen und überlegte, was ich tun oder sagen sollte. Irgend etwas veranlaßte ihn, sich umzudrehen und das vertraute Lächeln erschien auf seinem Gesicht. »Hallo, Betty!«

Die ersten Tage verbrachten wir auf Seminaren und Vorträgen in der Gospel Hall. Dort fand gerade eine wichtige Jahreskonferenz statt, und die Männer der Elliot-Familie waren meist entweder als Sprecher auf der Bühne zu sehen oder fungierten hinter den Kulissen als Manager und Gastgeber. Wir hatten kaum Zeit für ein Gespräch, bis die Konferenz vorbei war und wir in den Mount Tabor Park gehen konnten. Wir setzten uns ins Gras. »Jetzt kommt es!« dachte ich. Doch wieder stand nur Jesaja 59,9 im Raum. Immer noch hielten wir Ausschau nach Licht. Immer noch war da keine Antwort auf die Frage, ob Gott wohl »seine Meinung geändert« haben könnte. Warum hatte ich eine solch törichte Hoffnung genährt? Weil ich einfach nicht anders konnte als hoffen – gegen alle Wahrscheinlichkeit und alle Umstände.

Eines Morgens half ich Jims Mutter beim Waschen. Als sie die Bettücher aus der Waschmaschine zog, sagte sie plötzlich: »Ich kenne diese Elliot-Männer. Sie können sich nie entscheiden. An deiner Stelle würde ich zu Jim sagen: Jetzt oder nie!«

Ich wußte sehr gut, daß Jims Antwort darauf nur lauten würde: »Nie«. Damit würde ich mir selbst die leiseste Hoffnung verscherzen. Ich war ärgerlich über ihren Rat. Sie tat Jim einfach in eine Schublade mit dem Rest der Familie: seinem Vater und den zwei Brüdern. Ich gab mir Mühe, daran zu glauben, daß Jim bessere Gründe hatte als nur entscheidungsunsfähig zu sein. Seine Mutter erschütterte mein Vertrauen.

Einmal fuhren wir an die wunderbare Küste Oregons. Durch dichte Tannenwald gelangten wir hinunter an eine abgelegene Bucht. Dort entdeckten und erforschten wir Höhlen, die das Meer ausgewaschen hatte und schwammen im kalten Wasser des Pazifiks. Anschließend suchten wir Treibholz zusammen und zündeten ein Feuer an. Wir saßen dicht beieinander und sahen zu, wie die Sonne im schimmernden Meer versank. Die Versuchung, unseren Gefühlen Raum zu geben und zu tun, wonach es uns drängte, war nahezu unwiderstehlich. Aber weil die eigentliche Entscheidung schon lange vorher gefallen war, und weil Gott uns Gnade schenkte, wurden wir nicht davon überwältigt.

Ich schreibe dies, weil ich zeigen möchte, daß zwei junge Leute, auch wenn sie angefüllt sind mit dem jugendlichen Feuer, das der Schöpfer ihnen schenkt, der Versuchung widerstehen können. Sie können es aber nicht, wenn sie keinen Grund dafür sehen, warum es sich lohnen sollte. Und sie können es nicht allein.

»Darum, wer meint, er stehe, mag zusehen, daß er nicht falle. Bisher hat euch nur menschliche Versuchung getroffen. Aber Gott ist treu, der euch nicht versuchen läßt über eure Kraft, sondern macht, daß die Versuchung so ein Ende nimmt, daß ihr's ertragen könnt« (1. Kor 10, 12–13).

Er macht es uns möglich, zu überwinden.

Allerdings ist hier noch ein warnendes Wort angebracht. Es ist nicht gerade eine hervorragende Idee, in solch einer Situation in Höhlen hineinzugehen oder an einsamen Stellen ein Treibholzfeuer anzuzünden, wenn man sich seiner Verbundenheit mit Gott nicht sicher ist. Paulus riet dem jungen Timotheus: » Fliehe die Begierden der Jugend!« Wir sollten nicht geradewegs hineinlaufen und dann Gott die Schuld geben, wenn die Versuchung zu groß für uns ist.

Befiehl du deine Wege...

Auf einem Treffen für Singles schob mir einmal jemand einen Zettel zu, auf dem stand: »Wie kann man zu einem jungen Mann oder einem jungen Mädchen nein sagen? Wie hält man einen sicheren Abstand?«

Innerlich mußte ich ein bißchen lächeln, als ich daran dachte, wie einfach die Antwort im Grunde ist. Man kann es auf zweierlei Weise tun: in gesprochener Sprache und in Körpersprache, d.h. man sagt nein und geht auf Distanz.

Dabei sage ich nicht, daß eine einfache Antwort notwendigerweise auch eine leichte Antwort ist. Sie ist zwar leicht zu verstehen, aber sie in die Tat umzusetzen ist eine harte Sache. Immer spielt sich in einer solchen Situation jener fundamentale Konflikt ab: das Gute, das ich tun möchte, kämpft gegen das Böse, das ich nicht tun will, und der Wunsch, der an sich so gut zu sein scheint, steht gegen den tieferen Wunsch, meinen Herrn über alles zu lieben.

Da kommen wir nicht umhin, um Hilfe zu bitten. Und sie wird uns auch bestimmt gewährt. Mir kamen bei solchen Gelegenheiten manchmal die Worte eines alten geistlichen Liedes in den Sinn:

> Befiehl du deine Wege und was dein Herze kränkt
> der allertreusten Pflege des, der den Himmel lenkt.
> Der Wolken, Luft und Winden gibt Wege, Lauf und Bahn,
> der wird auch Wege finden, da dein Fuß gehen kann.

Paul Gerhardt

Das Nachgeben ist Sünde, nicht die Versuchung. Wir müssen unseren Herrn immer wieder darum bitten, daß er uns hilft, tröstet, stärkt und festigt. Er zögert nicht, uns zu helfen. Er wird uns durchtragen, wenn wir es wollen. Aber wir müssen wollen.

Heißt das also, daß mein Herz ganz rein sein muß? Daß ich letzten Endes den Konflikt doch selbst austragen muß? Wenn es das bedeutete, könnte ich heute kein Zeugnis von der Gnade und Liebe Gottes weitergeben. Ich möchte es ganz deutlich sagen: Der Kampf hörte nicht auf. Aber der Wille zweier Menschen war auf den Altar Gottes gelegt worden. Die Liebe, die ihre Herzen füllte, war Gott hingegeben worden. Er half uns. Er trug uns durch.

Zu unseren zweisamen Stunden gehörte auch ein Ausflug auf den Mount Hood. Wir fuhren bis zu einer Hütte am Rand der Baumgrenze und von dort aus über grüne Hänge und Wiesen noch viele Kilometer höher. Zum Mittagessen setzten wir uns an einem klaren Gebirgsbach ins Gras und beobachteten eine Bisamratte, wie sie tauchte und durchs Wasser schoß. Abends, auf der Abfahrt ins Tal, machten wir Rast in einem dunklen Tannenwald, um das einzige Eßbare zu genießen, das wir dabeihatten – eine Dose mit Speckbohnen. Jim hatte nicht daran gedacht, auch einen Büchsenöffner und Besteck mitzunehmen und mußte die Dose mit seinem Taschenmesser irgendwie aufbrechen. Bei dem Versuch, meinen Anteil aus der Dose herauszuholen, verletzte ich mich ziemlich schlimm am Finger. Noch heute habe ich eine Narbe davon. Acht Tage später schrieb Jim:

»Vor einer Woche um diese Zeit fuhren wir von unserer Raststätte im Wald nach Hause. Es war uns nur zu bewußt, daß es unser letzter gemeinsamer Abend war. Heute scheint es schon unendlich lange zurückzuliegen, daß wir im Dunkeln gemeinsam aus einer Dose Bohnen aßen. Ich erinnere mich vage daran, daß ich etwas über Deine ›eiserne Moral‹ äußerte, als wir den Platz verließen. Und Du sagtest, daß Du dankbar seist – dann kam die lange Fahrt in Schweigen und Tränen... Glaubst Du immer noch, daß Gott Dich bis hierher geführt hat? Ich glaube es. Ich kann das ohne jede Einschränkung sagen. Und außerdem liebe ich Dich jetzt auch im Glauben. Was Gott tun wird, kann ich nicht sagen, aber das eine weiß ich: *Er* hat uns zusammengeführt. Ich vertraue ihm, daß er auch Deine Schwächen ausgleicht (damit bezog er sich auf einige Kritikpunkte, die seine Familie mir gegenüber hatte; er hatte mich gebeten, mich korrigieren zu lassen). Wenn diese Dinge Dich zornig oder traurig machen, dann lies doch bitte wieder Psalm 138,8: ›Der Herr wird meine Sache hinausführen. Herr, deine Güte ist ewig. Das Werk deiner Hände wollest du nicht lassen.‹
›Euer Herz verzage nicht‹ (5. Mose 20,3) – dieses Wort tröstete mich und tut es auch heute noch. Meine Tränen sind getrocknet.

Ich wünschte, ich wüßte, daß auch Du heute abend nicht weinst. Dabei fällt mir noch etwas anderes ein. Betty, dürfen wir den Herrn angesichts unserer Schwäche bitten, uns aus diesem schweren Schweigen herauszuholen? Als ich dort an der Bushaltestelle stand und Dich weinen sah (vergib, daß ich Deine Bitte nicht erfüllte und gleich ging – aber das brachte ich nicht fertig, solange ich Dich noch irgendwie sehen konnte), klang in meinem Inneren immer wieder eine Zeile aus dem Gedicht von Teasdale ›Was soll ich meinem Liebsten geben?‹ auf: ›Wie soll ich ihm Schweigen bringen… mein ganzes Leben lang?‹[8] Jedesmal, wenn wir auseinandergehen, wird es schwerer. Ich möchte mich nicht noch einmal so von Dir trennen. Darum habe ich gebetet – mit Zittern – daß der Herr es verhindern möchte, daß wir uns wiedersehen, ohne daß er uns eine gewisse Bestätigung über sein Ziel mit uns gibt. Diese Trennung in ein unbestimmtes Schweigen hinein ist schrecklich. Wenn wir uns auch wünschen, in diesem Herbst zusammen zu sein, ist es doch wohl besser, wenn wir beten: ›Herr, gib uns ein Wort der Gewißheit…‹ – ich kann es einfach nicht sagen. Verstehst Du mich?«

»Ich fragte den Sternenhimmel,
was ich meinem Liebsten geben sollte –
er antwortete mir mit Schweigen,
Schweigen von oben.

Ich fragte den dunklen See,
wo in der Tiefe die Fische schwammen –
er antwortete mir mit Schweigen,
Schweigen von unten.

Meine Tränen kann ich ihm bringen
oder ich bring ihm ein Lied –
doch wie soll ich ihm Schweigen bringen
mein ganzes Leben lang?«

Vier nackte Beine

Was für Jim nach »eiserner Moral« ausgesehen hatte, war zum Teil einfach ein Wissen, das tief in jeder Frau steckt, daß sie nämlich da, wo die Leidenschaft des Mannes beteiligt ist, den Schlüssel zur Situation in der Hand hält. Er wird *so* weit »Gentleman« sein, wie sie es von ihm erwartet und verlangt. Und wenn sie ihn entsprechend auffordert, bleibt er es vermutlich nicht mehr, selbst wenn er eigentlich strenge moralische Maßstäbe hat. Er wird den Grad ihrer Zurückhaltung einschätzen, die Grenze abtasten und prüfen, wie ernst es ihr ist. Das heißt nicht unbedingt, daß er so weit wie möglich gehen möchte. Manchmal steckt sogar ein verworrener Begriff von Verpflichtung oder Ritterlichkeit dahinter. Er will ihre Erwartungen nicht enttäuschen. Ich bin ganz sicher, daß das so ist, weil Männer es mir gesagt haben. Es kann geschehen, daß sie ein Mädchen nach Hause bringen und sich dabei sagen: »Vermutlich sollte ich sie heute abend küssen. Ich wünschte, ich brauchte es nicht zu tun!« In so einem Fall ist es eine Erleichterung für einen Mann, wenn das Mädchen ihn wissen läßt, daß sie nichts Derartiges erwartet. Ihr Nein kann sogar dann etwas Positives für ihn sein, wenn er sie gern geküßt hätte. Denn ihre Ablehnung macht sie geheimnisvoll, und ein Geheimnis birgt sowohl Überraschung als auch Freude für ihn.

»Halten Sie Distanz!« empfehle ich den Frauen. Wir müssen diese grundsätzliche Widersprüchlichkeit der menschlichen Natur erkennen, daß wir gerade das am höchsten einschätzen, was wir nicht leicht bekommen können. Dagegen nehmen wir als selbstverständlich hin, ja verachten unter Umständen sogar, was uns ohne Mühe zufällt. Das Fahrrad, das man zu Weihnachten geschenkt bekommt, ist bei weitem nicht so wertvoll wie das, für das man zwei oder drei Jahre lang Zeitungen ausgetragen hat, um es bezahlen zu können.

Diese Haltung ist nichts Neues. Das einzige, was im Garten

Eden verboten war, war das Begehrteste. Die Früchte aller anderen Bäume, die zur freien Verfügung standen, wurden ganz selbstverständlich hingenommen.

Wenn es einen Grund dafür gibt, warum Sex häufig langweilig und fade geworden ist, dann deshalb, weil etwas Alltägliches daraus geworden ist. Sex ist überall, zu jeder Zeit und für jeden zu haben, der Lust darauf verspürt. Nichts wird zurückbehalten. Keine Freude wird für die Hochzeitsnacht aufgespart, schon gar nicht für Braut und Bräutigam alleine.

Freunde von mir, die ein Hotel für Hochzeitspärchen führen, erzählten mir, daß sie zu jeder Mahlzeit neue Unternehmungen und Abwechslungen ankündigen müssen. »Wir wollen nicht, daß sie sich langweilen und abreisen. Wissen Sie, die haben schon alles hinter sich gebracht – lange vor den Flitterwochen.«

Ich glaube, ich bin eine etwas sentimentale Frau. Ein Teil meiner Zurückhaltung hatte überhaupt nichts mit »eisener Moral« oder mit christlichen Prinzipien zu tun, sondern einfach mit der Freude, mir Dinge aufzusparen. Das höchste Entzücken, das ich als Kind in der Weihnachtszeit erlebte, war das Wissen, daß Geheimnisse auf mich warteten – Dinge, die hinter verschlossenen Türen vor sich gingen, eingewickelte und versteckte Schachteln und Päckchen, die nicht angerührt werden durften, bis die Zeit dafür da war. Immer habe ich das Geheimnisvolle und die Überraschung geliebt.

Auch der beste Bissen auf meinem Teller wurde immer bis zuletzt aufgehoben (offen gesagt – das tue ich heute noch). Wir bekamen als Kinder keinen Nachtisch, bevor wir nicht unseren Spinat aufgegessen hatten, und in gewisser Weise wollte ich es auch gar nicht anders. Mein Mann bietet mir gelegentlich kurz vor dem Essen eine Praline an. Ich möchte sie nicht. Pralinen gehören zum Nachtisch! Es liegt eine eigentümliche Freude darin, die Dinge in der ihnen angemessenen Ordnung zu tun.

Gewisse Erfahrungen gehören in den Bereich der intimen Beziehungen und nicht in eine Freundschaft. Manches gehört nur in die Ehe und nicht in die Zeit davor. Alles hat seine Zeit »...und alles Vorhaben unter dem Himmel hat seine Stunde... weinen hat seine Zeit, lachen hat seine Zeit; klagen hat seine Zeit, tanzen hat seine Zeit... herzen hat seine Zeit, aufhören zu herzen hat seine Zeit, schweigen hat seine Zeit, reden hat seine Zeit« (Pred. 3,1.4.5.7).

Ist Ihnen schon einmal aufgefallen, daß man gar nicht mehr so lange Autoschlangen auf Parkplätzen sieht, wie es früher am Samstagabend entlang von Stränden oder an den Rändern von Stadtparks üblich war? Es war normal, dort Pärchen in engster Umarmung zu beobachten, die sich küßten und sich auf diese Weise so viel Erfüllung wie möglich holten. Niemand scheint es heute noch notwendig zu finden, sich mit der Unbequemlichkeit eines Autos oder irgendeiner Beschränkung zufrieden zu geben. Warum soll man nicht direkt miteinander ins Bett gehen? Niemand regt sich mehr darüber auf. Ein junger Christ erzählte mir von einem Besuch, den er seiner Freundin an einem Wochenende machte. Er war schockiert, daß ihre Mutter ihn mit seinem Gepäck in das Zimmer des Mädchens führte. Die Eltern setzten voraus, daß er die Absicht hatte, mit dem Mädchen in einem Zimmer zu schlafen.

Ich hoffte, daß niemand denkt, ich zöge den »Parkplatz am Samstagabend« vor. Ich habe das schon in meiner Teenagerzeit abgelehnt und tue es heute noch. Ich kann nur zur Keuschheit raten – und zwar für Männer und Frauen. Und wenn die Keuschheit bewahrt werden soll, müssen Grenzen gezogen werden. Warum sollte man sich in eine Situation bringen, in der die Grenzen verwischt oder unkenntlich gemacht werden? Warum dieses Risiko eingehen? Warum sich dem Druck einer enormen Versuchung aussetzen, die leicht zu vermeiden wäre, wenn man es ablehnte, sich selbst in »gefährliche« Lagen zu begeben?

Der Psychologe Henry Brant berichtet von der ärgerlichen Entgegnung seines Sohnes, als der Vater ihm verbot, allein mit einem Mädchen im Auto wegzufahren.

»Was ist daran so schlimm, Paps? Traust du mir nicht?«

»Abends allein mit einem Mädchen im Auto? Ich würde *mir* nicht einmal trauen. Warum sollte ich da dir trauen?«

C. S. Lewis schrieb einmal:[9]

> »Als ich ein Junge war, sagten alle fortschrittlich eingestellten Leute: ›Wozu all die Prüderei? Warum sollten wir den Geschlechtstrieb nicht gleich behandeln wie alle übrigen Triebe?‹ Ich war naiv genug zu glauben, sie meinten wirklich, was sie sagten. Aber mit der Zeit merkte ich, daß sie genau das Gegenteil meinten. Sie meinten, dem Geschlechtstrieb sei eine Sonderstellung einzuräumen, wie sie kein anderer Trieb der menschlichen Natur in irgendeinem zivilisierten Volk bis dahin genossen hat. Alle anderen Triebe müssen gezügelt werden, das weiß jeder.
>
> Absolute Herrschaft des Selbsterhaltungstriebs wäre nichts anderes als Feigheit; totaler Anspruch unseres Besitztriebes wäre

Habgier. Selbst den Schlaf müssen Sie niederkämpfen, wenn Sie als Soldat Wache stehen. Aber wenn das Ziel heißt: ›Vier nackte Beine in einem Bett‹, dann soll auf einmal jede Art von Lieblosigkeit und Vertrauensbruch verzeihlich sein. Es ist, als hätten wir moralische Maßstäbe, nach denen es verboten ist, Früchte zu stehlen – es sei denn, man stehle Nektarinen.«

Gemeinsame Tage

Etwa ein Jahr, nachdem ich Jim auf meinem Weg nach Kanada getroffen hatte, verbrachten wir zwei Tage zusammen in Illionois. Er war Brautführer auf der Hochzeit meines Bruders David und ich Brautjungfer. An jenem Abend hatten wir ein paar Stunden für uns allein. Danach folgte noch einmal ein ganzes Jahr der Trennung. Im Jahr 1951 fuhren Jim und sein zukünftiger Missionarskollege, Pete Fleming, für eine Weile in den Osten. Sie sollten in einigen Gemeinden sprechen, die für sie später eine Art Patenschaft übernehmen würden. In Jims bereits überfüllten Terminkalender quetschten wir noch ein Picknick in den Kiefernwäldern New Jerseys, ein Mittagessen in Philadelphia (ich erinnere mich noch an die rosa Mayonnaise auf einem Salat) und einen Tag in New York. Zum Frühstück trafen wir uns in einem für unsere Begriffe erstklassigen Hotel, wo uns der Kellner kleine Täßchen mit brühheißem Kaffee servierte, als er die Speisekarte brachte. Wir sahen den Film »Ein Amerikaner in Paris«, und spät am Abend lehnten wir oben an der Brüstung eines Wolkenkratzers und schauten auf die Lichter der Stadt. Wieder sehnten wir uns nach dem, was wir nicht haben konnten. Jim machte eine Andeutung, daß er allmählich glaube, daß Gott uns doch eines Tages erlauben würde, zusammenzubleiben. Hoffnung keimte zitternd in mir auf. Ich wartete darauf, von der »großen Offenbarung« zu hören. Aber es war immer noch dasselbe: für den Augenblick kein grünes Licht.

In meinem Tagebuch aus dieser Zeit steht ein Zitat von T.C. Upham:

> *»Der Entschluß … das Liebste, an dem unser Herz hängt, der über alles erhabenen Obhut eines umfassenden und uneingeschränkten Glaubens daran zu überlassen, daß Gott nun unsere Gebete zu seiner Zeit und auf seine Weise auf die*

beste Art beantwortet, schließt einen ständigen Prozeß der inneren Kreuzigung in sich, der dem Wachsen oder selbst der Existenz des Ichs eindeutig zuwiderläuft.«

Als die Missionsvorträge vorüber waren, nahmen mein Bruder Phil und seine Frau Margaret uns drei – Jim, Pete und mich – mit zu dem Ferienhaus unserer Familie in New Hampshire. Es war schon Mitte Oktober – zu spät, um noch etwas von der herbstlichen Farbenpracht der Bergahorne und Gummibäume zu sehen. Der Winter war bereits hereingebrochen, und die alte Hütte besaß keine Zentralheizung. Es war bitterkalt.

An einem grauen Tag kletterten wir zu einem hochgelegenen Bergsee hinauf und stiegen einem steilen, felsigen Pfad wieder hinab. Neben uns strömte ein reißender Gebirgsbach ins Tal. Jim hielt einen Augenblick inne, um die anderen vorbeizulassen. Dann machte er mich darauf aufmerksam, daß das Wasser immer wieder durch Felsblöcke, die im Flußbett lagen, in zwei Ströme geteilt wurde. Doch zuletzt traf es sich in einem stillen tiefen See. »Ein Sinnbild für uns«, sagte er.

Abends kauerten wir alle um das Feuer herum und tranken heiße Schokolade, während Pete uns Gedichte vorlas. Die anderen waren so rücksichtsvoll, sich früh in die eisigen Schlafräume zurückzuziehen und Jim und mich allein zu lassen. Noch lange sprachen wir miteinander und sahen zu, wie die Glut allmählich verlosch.

Einige Wochen danach schrieb Jim in einem Brief:

»Ich frage mich, ob Du Dir dessen bewußt warst, daß Du Deine Augen sehr oft abwandtest, wenn wir dort am Feuer saßen und ich Dich ansah. Besonders ein Augenblick ist mir noch deutlich im Gedächtnis, wo Du Deinen Kopf drehtest und ins Feuer schautest, als ich Dir ins Gesicht sehen wollte. Bitte tu das nicht wieder! Ich finde, Du siehst so gut aus. Ich bin froh, daß das nicht alles ist, was ich an Dir liebe, denn selbst wenn ich völlig erblinden würde, würde ich Dich genauso lieben. Aber Dein Aussehen ist nicht davon zu trennen. Ob ich Dich nur um der Liebe willen liebe? Das kann man so nicht sagen. Um der Liebe willen natürlich auch, aber auch um tausend anderer Dinge willen – nicht zuletzt wegen jeder lieben Erinnerung an Dein Gesicht. Deine anmutig gewölbte Stirn, die Klarheit Deiner Augen... und oh, der feingeschnittene Mund mit seiner tiefen, starken Sehnsucht!«

Ungeduld

Nichts war schwerer für eine liebende Frau zu ertragen und nichts ein besserer Beweis für den Charakter eines Mannes wie Jim Elliot, als die Beschränkung, die er sich auferlegte.

Vor kurzem erzählte mir eine junge Frau von ihrer Verlobung mit einem Mann, der noch nicht genau wußte, wie sein Leben verlaufen würde. Ihre Hochzeit sollte in wenigen Monaten stattfinden, doch bis jetzt hatte er noch keine Ahnung, wie er seine Frau ernähren sollte, oder ob sie ihn vielleicht unterhalten mußte, während er noch weiterstudiert. Sie sprach von den vielen Problemen, mit denen sie sich herumschlugen, und den »Qualen des Mannes« über diese Unsicherheit. Man hatte ihm nahegelegt, daß er zu einer klaren Entscheidung kommen müsse, bevor er heiratete. Die Frau erwartete offensichtlich (zu Recht), daß ich diese Meinung teilte. Ich fragte, ob sie in Erwägung gezogen hätte, den Hochzeitstermin aufzuschieben, bis die Dinge geklärt seien.

»Oh nein! Dazu sind wir zu ungeduldig!« lautete ihre Antwort.

Die Neigung, sich möglichst schnell fest zu binden, ist ebenfalls eine Form der Ungeduld. Die Paare sind oft noch gar nicht reif für die Ehe oder auch nur für die öffentliche Verbindlichkeit, die eine Verlobung mit sich bringt. Aber sie sind auch nicht in der Lage, sich gegenseitig Gottes Händen zu überlassen und damit zu rechnen, daß Gott unsere Gebete zu seiner Zeit und auf seine Weise beantwortet. Jeder hängt nur am anderen fest und fürchtet, er könnte »weglaufen«.

Solange ein Mann nicht bereit ist, eine Frau zu fragen, ob sie ihn heiraten will – welches Recht hat er, ihr ungeteiltes Interesse zu beanspruchen? Wieso sollte eine vernunftbegabte Frau einem Mann ihre ungeteilte Aufmerksamkeit zusichern, solange sie nicht gefragt worden ist, ob sie ihn heiraten will? Wenn er zum geeigneten Zeitpunkt nicht Manns genug ist, sie um die Ehe zu bitten, sollte sie ihm keinen Grund geben, anzunehmen, daß sie zu ihm gehört.

»Ich glaube, daß ich das nicht fertigbringe. Ich bin kein starker Typ«, meinte meine Gesprächspartnerin.

Ich denke an eine Frau, die sicher auch kein »starker Typ« war – aber sie hatte ein starkes Vertrauen und schrieb dieses Lied:

So nimm denn meine Hände und führe mich
bis an mein selig Ende und ewiglich.
Ich mag allein nicht gehen, nicht einen Schritt;
wo du wirst gehn und stehen, da nimm mich mit.

In dein Erbarmen hülle mein schwaches Herz,
und mach es gänzlich stille in Freud und Schmerz.
Laß ruhn zu deinen Füßen dein armes Kind;
es will die Augen schließen und glauben blind.

Wenn ich auch gleich nichts fühle von deiner Macht,
du führst mich doch zum Ziele auch durch die Nacht.
So nimm denn meine Hände und führe mich
bis an mein selig Ende und ewiglich.

Julie Hausmann

Tränen und Träume

Gegen Ende Oktober 1951 kam Jim noch ein letztes Mal für ein oder zwei Tage in mein Elternhaus in New Jersey. Irgend jemand photographierte uns zum ersten Mal zusammen. Ich trug ein schlechtsitzendes dunkelgrünes Kostüm, Jim einen zweireihigen blauen Anzug. Wir standen im Hinterhof unter einem Apfelbaum und lächelten, als ob es keine Probleme gäbe und wir das Gebet um Stärkung unseres Willens oder um innere Ruhe und Standhaftigkeit nicht nötig hätten.

Dann kam die Fahrt von etwa 20 Kilometern zur Bahnstation in Philadephia. Zwischendurch hielten wir einmal an, um miteinander zu beten und zu weinen.

Im Speisewagen seines Zuges nach Chicago schrieb Jim mir einen Brief:

> »Jede Minute des Wochenendes war vollgestopft mit Besichtigungen, Besuchen, Studieren und Versammlungen. Und während all der Zeit konnte ich meine Gedanken keine fünf Minuten auf irgend etwas konzentrieren, ohne durch Gedanken an Dich unterbrochen zu werden. Dein Gesicht verschwand erst aus meinem Bewußtsein, wenn der Schlaf mich übermannte, und beim Erwachen stand es wieder vor mir. Bilder, Verhaltensweisen, Redewendungen, Blicke, Umarmungen aus den letzten Wochen zogen an mir vorbei, und der Gedanke, es könnte für Jahre vielleicht das letzte Mal gewesen sein, ließ mich fast den Mut verlieren. Heute morgen bin ich den Tränen näher als das ganze Wochenende über. Die Erinnerung an das, was Du sagtest – daß Du mich vermissen würdest – stand beim Erwachen in der Morgendämmerung vor mir. Deine schlanken weißen Arme, die sich in einem warmen Bett nach mir ausstreckten, tauchten in meiner Phantasie auf. Das mag eine vorübergehende Phase sein, – und das hoffe ich auch irgendwie. Aber bis jetzt hat sich dieser Zustand eher noch intensiviert, und es gibt durchaus kein Zeichen einer nachlassenden Tendenz. Man braucht das nicht zu analysie-

ren. Ich liebe Dich, Betty, und fühle es heute morgen ganz besonders stark.

Ich werde deine klaren, großen Augen nicht vergessen, wie sie da am Samstag im Bahnhof vor mir verschwanden. Der gefühllose Bahnbeamte, der mich auf dem Bahnsteig zurückriß, »Achtung, Stufen!« rief und dann die Absperrung zuschlug, brachte mich um das Vergnügen, Deine Augen immer kleiner werden und dann verschwinden zu sehen. Doch mir kamen keine Tränen.«

Ein paar Wochen später aus Kalifornien:

»Bin heute morgen wieder früh aufgewacht. In meine Andacht mischten sich Träume von Dir. Es stört mich etwas, daß Du mir immer vor Augen stehst, wenn ich beten sollte, und es ist für mich eine Frage der Disziplin, mich nicht allzusehr in der Erinnerung zu verlieren. Nicht, daß es mich in einen inneren Konflikt brächte – ich bin nun sicher, daß die Liebe zu Dir zu meinem Leben gehört, daß sie ebenso wichtig ist wie das Essen, und Gott weiß, daß ich beides nötig habe.«

Als Jim von der Reise nach Kalifornien wieder nach Portland zurückkam, schrieb er:

»Ich danke meinem Gott. Das Leben ist so viel reicher geworden, weil er mir Dich gegeben hat. Gerade heute wurde es mir auf einmal so recht bewußt, welchen Reichtum, welche Erfüllung (ich kann kein besseres Wort finden) Gott mir geschenkt hat. Ich empfinde es wie ein Meer, aber ohne jede Ebbe, nicht in den kleinsten Dingen! Seele, Freundschaft, Familie – alles ganz für mich, und dann – was viele nicht besitzen – die Fähigkeit, sich daran zu freuen. ›Und er (Jesus) fragte: ...habt ihr je Mangel gelitten? Sie antworteten: Nein!‹ Ein Teil meines Ichs litt Mangel bis heute – oh, ich brauchte Dich so sehr, keiner weiß wie sehr! Und selbst jetzt, wo ich Dich im vollen Sinn ja immer noch nicht besitze, habe ich Dich in einer Weise, wie es nicht mehr sein wird, wenn wir einander erkannt haben.

Ich bin froh, daß das Letzte noch vor uns liegt. Froh, daß ich nicht übersättigt und abgestumpft nachts neben Dir im Bett liegen werde, wie es bei verheirateten Paaren manchmal ist. Sie können es ertragen, im Auto weit voneinander entfernt zu sitzen. Ich freue mich, daß ich meine Hände immer noch nicht von Dir lassen kann, immer noch gewarnt werden muß, Deine äußere Erscheinung nicht in Unordnung zu bringen. Ich habe Dir bis jetzt Deinen Zauber nicht genommen, und gerade so brauche ich

Dich. Der Schuljunge in mir wundert sich immer noch und steht unbeholfen da – wir haben noch keine ›Erfahrungen‹ gemacht, die den Reiz mindern könnten. Ich denke zwar, daß wir uns auch aneinander gewöhnen werden. Die Gefühle, der Geruch, der Anblick des anderen werden uns irgendwann vertraut sein. Aber ich bin froh, daß es jetzt noch nicht der Fall ist. Wie nie zuvor fühle ich, daß ich mich für Dich bewahren muß. Gott weiß, daß das der Anspruch ist, rein zu bleiben. Und er weiß auch, wie viele Angriffe auf die Keuschheit noch vor uns liegen.«

Gott beim Wort nehmen

Im Januar 1952 war Jim noch einmal zu Hause, um letzte Vorbereitungen für seine Fahrt nach Ecuador zu treffen, die im Januar erfolgen sollte. Ich lebte zu der Zeit in New York und versuchte, ein wenig Spanisch zu lernen. In den letzten sechs Monaten hatten sich die Dinge so entwickelt, daß mein Weg nicht nach Afrika oder in die Südsee, sondern nach Ecuador zu gehen schien. Jim machte mir Mut, obwohl ich mit allerlei Gerüchten rechnen mußte. Man würde mir nachsagen, daß ich ihm nachliefe.

Jim schrieb mir nun häufig. Oft gingen seine Gedanken in die Richtung eines gemeinsamen Lebens, und manchmal erwähnte er auch das Wort Liebe.

> »Ich glaube, daß der Realismus des Alten Testamentes uns bewußtmachen sollte, wie sehr Gott die menschliche Liebe befürwortet. Wie oberflächlich lesen wir: ›Jakob liebte Rahel‹, und so beiläufig heißt es da: ›Sie empfing und gebar einen Sohn und nannte seinen Namen …‹, daß wir darüber alles, was hinter diesen Worten steht, vergessen: all die zitternden Gefühle und Empfindungen, den Schmerz und die Befriedigung. Die Knappheit der Erzählung verdrängt das leicht. Aber es gehört dazu. Es kann gar nicht anders sein. Nun, wenn das uns betrifft, Betty, haben wir nur Grund, Gott noch mehr zu loben. Für den Augenblick laß uns das Danken nicht vergessen. Wir haben Ursache dazu.«

Am 2. Februar, spät abends, rief mich Jim von San Pedro in Kalifornien aus an. Es war das erste Mal, daß wir ein Ferngespräch miteinander führten. Damals war das noch nicht gang und gäbe für »normale Leute«. Ich zitterte, als ich seine Stimme hörte und als er sagte, daß er mich liebe. Und sicher zitterte auch meine Stimme, als ich seine Frage: »Liebst du mich?« beantwortete. Ich hatte es ihm eigentlich nicht sagen wollen, aber ich durfte auch nicht unehrlich sein. »Ich kann nichts dagegen tun«, lautete meine

Entgegnung. Dann verabschiedete er sich. Am nächsten Tag ging sein Schiff.

Sobald er den Hörer aufgelegt hatte, schrieb er mir schon wieder einen Brief.

> »2. Februar 1952. Deine Stimme klang nicht so, wie ich es mir gewünscht hätte – nicht nahe genug. Und ich vermißte das leise unterschwellige Lachen. Aber ich danke dem Herrn für das Glück, Dich überhaupt hören zu können. Wir haben neun Minuten gesprochen! Überrascht Dich das? Mich ja. Ich muß über mich selbst lachen. Ich spiele immer den Gleichgültigen, und dabei kann ich kaum noch klar denken, weil mein Puls so laut klopft, wenn ich Dich tatsächlich nur höre. So etwas soll nun ein standhafter Junggeselle auf seinem Weg nach Ecuador sein! Ich vermute, daß Du Dich genauso fühltest. Wir beide sind ein lustiges Paar. Die Menschen halten uns für ungeheuer verschieden, aber wenn es um die Liebe geht, sind wir uns so gleich. Bist Du nicht froh darüber, daß Du ›nichts dagegen tun‹ kannst?
>
> Letzte Nacht standest Du im Traum lebendiger denn je vor mir, Dein Gesicht war so nah und einladend. Wie habe ich es nur fertiggebracht, Dich bis heute nicht zu küssen?
>
> 7. Februar 1952. Ich sitze ohne Hemd in unserer grüngestrichenen ›Luxuskajüte‹, habe gerade mein Mittagessen beendet und einen kleinen Bummel übers Deck gemacht. Ganz allgemein empfinde ich ein Gefühl der Erleichterung und freue mich an der ganzen Situation. Hier an Bord leben wir in einem Überfluß, der schon an Verschwendung grenzt. Aus dem ›genug‹ wird ein ›zuviel‹. Zum Mittagessen gab es Rinderherz, Kürbis, Erbsen und kalte Buttermilch. Gestern abend hatten wir Lamm mit Curryreis und gestern mittag Rostbeaf. Beim Nachdenken über noch weiter zurückliegende Genüsse versagt mein Gedächtnis, aber schwarzer Kabeljau gehörte jedenfalls dazu und ein ganz vergnügliches Vielerlei anderer Dinge.
>
> Dein Empfinden von Verlust, weil wir in den vergangenen Monaten nicht in der Lage waren, uns wirklich auszutauschen, ist für mich nichts Neues. Ich kenne es und habe oft mit Gott darüber gesprochen und auch Trost dabei gefunden. Und dann steht man der Realität wieder gegenüber, empfindet das Unerfüllte der Situation, und das verurteilt alle Worte zum Schweigen. Denn wenn wir uns wirklich selbst und gegenseitig um seinetwillen verleugnet haben, sollten wir dann nicht auch erwarten können, die Frucht einer solchen Verleugnung zu sehen?
>
> Danach halte ich vergebens Ausschau. Im Moment sieht es so aus: Ich bin um des Reiches Gottes willen als Mann allein geblieben, damit es schneller wachsen, mächtiger in meinem eigenen Leben verwirklicht werden sollte. Doch wo sieht man

etwas von diesem Wachsen und von dieser Verwirklichung? Ich habe eingewilligt, daß mein Haus auf Erden leerer bleiben sollte, aber nur, damit sein Haus umso voller werden kann. Und ich denke, daß es nicht unrecht ist, wenn wir Gott an seine Zusage erinnern. Natürlich befinde ich mich auf einem Irrweg, wenn ich deutlich sichtbare Ergebnisse als Folgen unserer Trennung erwarte, und ich hoffe, daß ich mich auch ohne so offensichtliche ›Beweise‹ freuen kann. Aber ich denke, daß ich stürmischer bitten und in der Hingabe ausdauernder sein sollte und nicht, wie Du es ausdrückst, ›die Dinge müde hinnehmen, so wie sie sind‹.

Aber bei allem Philosophieren komme ich zu dem Schluß, daß ich in Wirklichkeit nichts verloren habe. Wir können uns vorstellen, wie es wäre, etwas zusammen zu erleben, und uns dann betrogen vorkommen, weil wir eben allein sind. Aber laß uns nicht vergessen, daß das nur ein eingebildeter Verlust ist. Ich sehe Berge von Glück vor mir, wenn ich mir vorstelle, daß wir einmal alles zusammen tun, aber diese Vorstellung darf uns die Realität nicht verdüstern, in der wir allein sind. Was ist, ist Wirklichkeit – was sein *könnte*, ist es einfach nicht, und ich kann Gott daher nicht unterstellen, daß er mich beraubt... an Dingen, die gar nicht existieren. Und weiter: Die Wirklichkeit gehört uns, und sie ist gut, von Gott gegeben, und sie bereichert uns. Laß nicht zu, daß die unerfüllte Sehnsucht uns die Lebensfreude nimmt. Es stimmt, daß unsere Jugendzeit schnell vergeht, und ich kenne die Flut der Wünsche, den Sturm des Verlangens, den ein solcher Gedanke heraufbeschwört. Dieser Satz: ›Wir sind bald dreißig‹ und alles, was damit verbunden ist, bringt Hektik und einen Schwall von möglichem Bedauern über uns. Und Betty, das ist ja genau das, womit wir rechnen mußten. Gehorsam bedeutet für uns vielleicht kein physisches Leiden oder gesellschaftliche Ächtung, wie manche sie erdulden, aber es bedeutet dieses Kämpfen mit Unruhe und Selbstmitleid, dies ›Gefangennehmen der Gedanken‹. Wir haben das Banner unseres Gottvertrauens aufgezogen. Für die Konsequenzen ist er verantwortlich.«

Gott ist gegenwärtig.
Lasset uns anbeten
und in Ehrfurcht vor ihn treten.
Gott ist in der Mitten.
Alles in uns schweige
und sich innigst vor ihm beuge.
Wer ihn kennt,
wer ihn nennt,
schlag die Augen nieder;
kommt, ergebt euch wieder!

Gerhard Tersteegen

Vertraue mir

Jim kam Ende Februar in Quito in Ecuador an. Zwei Monate später folgte ich ihm nach. Wir waren zu viert als neue Missionare dort: Meine Kollegin Dorothee und ich lebten bei einer Familie namens Arias. Jim und sein Kollege Pete Fleming wohnten quer über die Straße bei einem Dr. Cevallos und seiner Familie. Zum erstenmal seit unserer Collegezeit vor vier Jahren konnten wir uns über einen längeren Zeitraum hinweg täglich sehen. Wir machten das Beste daraus. Pete und Jim aßen mittags mit uns bei der Familie Arias. Don Paul, unser Gastgeber, half unserem Spanisch nach, wo immer er konnte. Manchmal kam es zu einem heißen Konkurrenzkampf, weil wir alle so schnell wie möglich die Sprache beherrschen wollten. Wir sehnten uns danach, in den Dschungel zu gehen, obwohl Dorothee und ich noch nicht genau wußten, wohin wir kommen würden. Jim und Pete hatten unserem Feldleiter, Dr. Tidmarsh, versprochen, daß sie nach Shandia gehen würden. Das war eine Station im östlichen Dschungel, wo Quichua-Indianer lebten.

In Quito machten Jim und ich ausgedehnte Spaziergänge. Wir erkundeten jeden Winkel dieser schönen Kolonialstadt, besuchten Märkte, Kirchen, Parks, Museen und die Handwerkerläden der Einheimischen. Wir wanderten über liebliche, saftige Wiesen, wo Schafe weideten, und stiegen hinunter in tiefe Schluchten oder auch auf hohe Berge. Fast jeden Nachmittag fuhren wir mit dem Bus zur Post, um die eingegangenen Briefe abzuholen.

Am Ende unserer vier gemeinsamen Monate in Quito (für Jim waren es also insgesamt sechs Monate) war das Spanischstudium zu Ende. Jim beherrschte die Sprache inzwischen recht gut, und es war Zeit zu gehen. Im September schrieb er von Shell Mera, dem Flughafen einer Missionsgesellschaft, von dem aus er zu der Station fliegen würde, die Shandia am nächsten lag:

»Die Silhouetten ferner Vögel, die nach Osten ziehen, heben sich scharf gegen die Wolken ab, und morgen, so Gott will und wir leben, werde ich ihnen glücklich folgen. Nur zu gut lerne ich wieder einmal meine innere Schwäche zu kennen, die mich umkehren lassen möchte, zurück zu Dir. Aber ich fühle auch, daß ich meine Hand ›an den Pflug gelegt habe‹, und daß ein Zurückschauen unehrenhaft wäre. Gott kennt das Innere, und er weiß, wieviel von meinem Ich ich tatsächlich bei Dir lasse. Er weiß auch, warum ich gehe und für wie lange.«

Das Wachstum der Pflanzenwelt um uns herum spiegelt in wunderbarer Weise den Prozeß des Empfangens und Loslassens, des Gewinnens und Verlierens, des Lebens und Vergebens wider. Die Samen fallen in die Erde und sterben, wenn der neue Trieb aufschießt. Es muß ein Zerreißen und Aufbrechen geben, damit eine neue Knospe gebildet werden kann. Und die Knospen »lassen los«, was sie umschlossen haben, wenn die Blüte entsteht. Und in der Blüte entwickelt sich der Kelch. Dann rollen sich die Blütenblätter zusammen und sterben, damit sich die Frucht bilden kann. Und schließlich fällt die Frucht ab, springt auf und entläßt die Samen. Die Samen fallen auf die Erde...

Es gibt kein beständiges geistliches Leben ohne diesen Prozeß des Loslassens. Genau an dem Punkt, wo wir uns weigern, hört das Wachstum auf. Wenn wir uns an Dinge klammern, die uns gegeben wurden – nicht bereit sind, loszulassen, wenn die Zeit dazu kommt, oder nicht erlauben, daß diese Dinge in dem Sinn gebraucht werden, wie der Geber es gewollt hat – hindern wir das Wachstum der Seele.

An dieser Stelle werden oft Fehler gemacht. »Wenn Gott mir etwas gegeben hat, gehört es doch mir«, sagen wir. »Ich kann damit machen, was ich will.« Nein! Die Wahrheit ist, daß es uns gehört, damit wir ihm dafür danken und es ihm wieder zur Verfügung stellen. Wir müssen es loslassen, verlieren – wenn wir unser wahres Selbst finden wollen, wenn wir echtes Leben haben wollen, wenn unsere Herzen sich danach sehnen, daß sein Name geehrt wird.

Denken wir an eine Eichel. Sie ist ein wunderbares kleines Ding, vollkommen in ihrer Anlage und ihrem Bau, mit einer Zielsetzung und vollkommenen Funktionen. Denken wir weiter an eine wundervolle, große Eiche. Gottes Ziel, als er die Eichel werden ließ, war der Eichbaum. Seine Absicht mit uns ist, daß wir »... zum vollendeten Mann, zum vollen Maß der Fülle Christi gelangen«. Viele Tode müssen gestorben werden, bis wir dieses Maß erreichen. Viel Loslassen muß geschehen. Wenn wir die Eiche ansehen, denken wir nicht mehr, daß der »Verlust« der Eichel so sehr groß gewesen ist. Je mehr wir den Plan Gottes für unser Leben akzeptieren, desto weniger schrecklich werden die Verluste uns erscheinen.

Ich glaube, einer der Gründe für mein Tagebuchschreiben liegt darin, daß ich die »Bruchstücke« sammeln wollte, die »übrigblieben«. Es sollte nicht verloren gehen. Ich schrieb dort Dinge auf, die ich anderen Menschen nicht sagen und Jim auch nicht in Briefen mitteilen konnte. Ich bat ihn auch, das gleiche zu tun. Doch er schrieb von Shandia aus:

> »Ich fürchte, daß ich Dich an dieser Stelle enttäuschen muß. Ich verliere eine Menge. Anscheinend bin ich nicht in der Lage, über alles zu berichten, was sich ereignet – das meiste steht in meinen Briefen, aber vieles habe ich nie zum Ausdruck gebracht. Ich habe mich in mein Inneres zurückgezogen und warte still auf Dich, während Sternschnuppen über den nächtlichen Himmel schießen, Indianer sterben und jemand bei einem Ballspiel ›ganchai‹ ruft. Ich sitze, höre zu und beobachte und überlege, ob ich bei all dem mitmachen soll. Aber dann lasse ich es doch, weil ich das Gefühl habe, daß für mich die Geschichte vor Monaten hinter einer Tür in Wittigs Haus in Shell Mera stehengeblieben ist.«

Als dieser Brief kam, dachte ich: »Das halte ich nicht aus! Ich kann nicht hier auf der einen Seite der Anden leben und all dem Neuen und Faszinierenden ohne Jim begegnen, während es ihm auf der anderen Seite ebenso geht.« Ein paar Wochen, nachdem er Quito verlassen hatte, ging ich hinunter in den westlichen Dschungel, um an einer bisher noch nicht schriftlich fixierten Indianersprache zu arbeiten. Ich wollte alles mit ihm teilen, mich mit ihm verständigen können, in all das, was er erlebte, hineinschauen, alles mit ihm tun.

Die Lektion vom Samen war noch nicht völlig gelernt. Das Loslassen bleibt einem nicht erspart. Es geht kein Weg daran vorbei. Der Same weiß nicht, was geschehen wird. Er kennt nur das, was gerade geschieht – das Fallen, die Dunkelheit, das Sterben. So fühlte man sich, wenn man getrennt war, wie wir beide – ohne einen Schlüssel für das »Warum«.

»Das Wünschen an sich ist gut«, schrieb Jim. »Es ist recht, sogar von Gott gewährt, aber jetzt verweigert Gott den Fortgang der

Dinge, und er hat mich nicht wissen lassen, warum er das tut.« Wir waren in dieser Situation weit entfernt von Lilias Trotters schon früher zitierter geistlicher Erkenntnis: Und der erste Schritt im Bereich der Hingabe ist »nicht auf den Menschen bezogen, sondern auf Gott: ein ganz und gar vorbehaltloses Ausliefern unseres Besten und Wertvollsten...«

In lichten Momenten wird uns manchmal die Gnade zuteil, etwas von der Weisheit göttlicher Verweigerung einzusehen. Jim konnte auf diese Weise in einem provisorischen Haus mit einer provisorischen Einrichtung leben, wo die Indianer durch Küche und Schlafraum hindurchlaufen konnten, wenn sie Lust dazu verspürten. Und er hatte Zeit, sich dem Sprachenlernen und der Missionsarbeit zu widmen. Außerdem konnte er anderen beim Bauen helfen und brauchte sich noch nicht um mich und ein Haus für uns zu kümmern. Und ich konnte mich einer Arbeit widmen, die ich nicht hätte tun können, wenn wir zusammen gewesen wären. Wir hatten nur zu vertrauen und Gott das Planen zu überlassen. Gottes letztes Ziel ging soweit über unsere Vorstellungen hinaus, wie die Eiche über die Vorstellungen einer Eichel. Die Eichel tut das, wozu sie gemacht ist, ohne ihren Schöpfer mit Fragen zu quälen über das Wann und Wie und Warum. Wir, denen Verstand und Wille und eine Menge von Wünschen gegeben sind, die wir gegen das »göttliche Schnittmuster« setzen können, sind aufgefordert, ihm zu *glauben*. Und wir haben die Möglichkeit, ihm zu vertrauen, weil er uns sagt: »... wer aber sein Leben verliert um meinetwillen, der wird's finden« (Mt 16,25).

»Wann werden wir es finden?« fragen wir. Die Antwort lautet: *»Vertraue mir!«*

»Wie werden wir es finden?« Und wieder heißt die Antwort: *»Vertraue mir!«*

»Warum muß ich mich selbst verlieren?« fragen wir hartnäckig. Die Antwort heißt: *»Schau auf die Eichel und vertraue mir!«*

Vertauschte Prioritäten

Ein paar Wochen, nachdem Jim nach Osten gegangen war, ging ich in den Westen. Ich wollte an der Sprache eines kleinen Stammes arbeiten. Man nannte ihn »Colorado« nach der roten Farbe, mit der die Stammesangehörigen ihr Haar und ihre Körper färbten. Das bedeutete, daß zwei Gebirgsketten der Anden Jim und mich trennten. Die Post gelangte nur auf komplizierten Wegen mit vier Zwischenstationen an ihr Ziel, und manchmal dauerte es sechs Wochen, bis ich auf einen abgeschickten Brief eine Antwort erhielt. Da wir nur mit der Hand schrieben, hatten wir auch keine Kopien. Es gab Zeiten, da konnte ich mich nicht mehr erinnern, auf was Jim eigentlich antwortete.

Als ich eines Tages in Quito in einem Bus fuhr, wurde ich von einem riesigen häßlichen Mann belästigt, der neben mir saß. Ich schrieb Jim davon, und er antwortete:

»27. September 1952 – Ich hätte mit der Axt dreinschlagen mögen, als ich vor ein paar Tagen auf der Landepiste über den Vorfall nachdachte. Heute las ich Deinen Brief noch einmal. Dabei schwollen mir die Adern am Hals, und die Zähne knirschten, als ich mir das Ganze vorstellte. Ich fürchte, Betty, es hätte einen bösen Auftritt gegeben, wenn ich dabei gewesen wäre. Es war sicher besser so, obwohl es andererseits vermutlich gar nicht erst soweit gekommen wäre, wenn ich dagewesen wäre. Aber war mir zu schaffen macht, ist, daß dieser Mann offensichtlich die Buslinie häufig benutzt und die Geschichte sich eines Tages wiederholen könnte. Es wäre zum Wahnsinnigwerden, wenn ich Dich nicht Gott im Vertrauen anbefehlen könnte. Immer aufs neue habe ich ihm diese Angelegenheit ans Herz gelegt. Ich kenne die männliche Leidenschaft besser und fürchte sie mehr als Du. Und ich bin in solchen Fällen dankbar, daß Du so bist, wie Du bist, daß ich Dir vertrauen kann, auch wenn es das nächste Mal kein häßlicher Mann ist. Ich freue mich, daß Du diesen Dingen gegenüber, auch wenn es Dir widerwärtig war und Du Dich ein wenig gefürchtet hast, doch gefestigt bist und ihnen einen entschlossenen Widerstand entgegengesetzt hast. Ich weiß, Betty, daß er, der uns beide bis hierher füreinander bewahrt hat, es auch weiterhin tun wird. Und was die lange Wartezeit angeht, so wird die Verwirklichung unserer Träume nur umso süßer sein.

8. Oktober – Oh, ich weiß nicht, wie ich es Dir sagen soll, Betty, oder ob ich es überhaupt sollte, aber unsere Monate in Quito haben mich gefühlsmäßig Dir gegenüber auf eine ganz andere Ebene versetzt. Klingt es unrecht, wenn ich sage, daß, während Du seit unserer Trennung zur Ruhe gekommen bist, meine Sehnsucht nur umso stärker an die Oberfläche getreten ist? Wo Du Frieden gefunden hast, tobt in mir ein unerbittlicher Kampf. Ich erwähnte im letzten Brief den starken Drang zum Schreiben, Schreiben, Schreiben und dieses Etwas, das mir Zurückhaltung auferlegte. Ich könnte Dir auch schreiben von dem brennenden Wunsch, daß die Jahre im Fluge vergehen möchten, von der alten rebellischen Frage: ›Warum muß das mit uns nur so sein?‹, und von der Sehnsucht nach einem Ruheort. Könnte es sein, daß wir den gleichen Fluß überqueren, aber nach Gottes Weisheit weit genug voneinander entfernt und daher an verschieden tiefen Stellen, so daß wir nicht zu gleicher Zeit untergehen können? Ich habe den Eindruck, daß ich hier alles viel schärfer empfinde – selbst jetzt beim Schreiben kommt mir ein Seufzer hoch.

27. Oktober – In diesen beiden letzten Wochen wurden mir viele Träume von Dir geschenkt. Wenn ich heute versuche, mich daran zu erinnern, zerflattern sie, und es bleibt nichts als ein erhebender Eindruck zurück. Der quälende Kampf, wenn ich mich beim Erwachen auf meinem Feldbett umdrehe und Dich nicht vorfinde, wiederholt sich hoffentlich nicht allzu oft. Immer wieder tröstet mich der Geist Gottes mit dem Wissen um seinen Willen, so oft ich auch mit dem Herrn über all meine Sehnsucht nach Dir, mein Liebling, spreche, und so oft ich vor ihm meine Gedanken ausbreite, warum wir wohl so lange auf die Erfüllung eines so berechtigten Wunsches warten müssen. Ich bete darum, daß der Herr Dir ebenso oft und nachdrücklich hilft wie mir.«

Anfang Dezember schrieb Jim:

»Dieser Brief soll dich, wenn eben möglich, zum Geburtstag erreichen. Ich weiß sehr gut, daß Du sechsundzwanzig Jahre alt wirst. Bisher haben wir dieses Alter immer so angesehen, als ob dann die eigentliche Jugend schon vorbei wäre. Doch das macht mir keinen Kummer. Du bist in meiner Vorstellung noch so frisch und mädchenhaft wie vor fünf Jahren, und jedenfalls soviel mehr als manche andere, jüngere Frau, die ich kenne. Ich liebe Dich mit der gleichen jungenhaften Kraft, die mich immer zu Dir hingezogen hat. Diese letzte Aussage hoffe ich Dir in etwa sechs Wochen beweisen zu können.«

Das waren gleichzeitig aufregende und enttäuschende Neuigkeiten. Er wollte mir etwas »beweisen«. Was sollte das heißen? Aber offensichtlich würde er zu Weihnachten nicht in Quito sein. Diese Hoffnung hatte ich heimlich gehegt.

Für mich sah das so aus, als ob ihm die Enttäuschung nicht allzuviel ausmachte, und als ob er sich nicht besonders darum bemüht hätte, diesen Plan zu verwirklichen. »Wo ein Wille ist, da ist auch ein Weg«, dachte ich und sprach das auch aus.

»Ich werde kommen, sobald ich es mit gutem Gewissen vor Gott tun kann, und ich werde Dich über meine Pläne informieren, sobald es mir menschlich möglich ist«, antwortete Jim. Er bat mich, die Sache ihm zu überlassen. Er vertraue meiner Liebe, so sagte er, daß ich die Dinge zu seinen Gunsten auslegte.

Liebe interpretiert die Dinge zugunsten des Geliebten. Es dauerte lange, bis ich das gelernt hatte, aber das Prinzip ist schon bei Paulus klar beschrieben »... die Liebe ist langmütig ... sie sucht nicht das Ihre, sie läßt sich nicht erbittern, sie rechnet das Böse nicht zu ... sie erträgt alles, sie glaubt alles, sie hofft alles, sie duldet alles« (1. Kor 13,4.5.7).

Die Schwierigkeit liegt darin, daß wir lernen müssen, *Menschen* zu lieben, und Menschen sind immer auch Sünder. Die Liebe muß geduldig sein, wenn sie (eben durch das Trödeln anderer) in die Versuchung gerät, ungeduldig zu werden. Liebe darf nicht selbstsüchtig werden, auch wenn die anderen es sind. Liebe wird nicht zornig, auch wenn andere ihr so begegnen. Es gibt ungerechtes Handeln, aber die Liebe rechnet das nicht an. Es gibt Schwierigkeiten, mit denen man fertig werden muß, aber es gibt nichts, dem die Liebe nicht standhalten könnte. Das Vertrauen wird auf die Probe gestellt, die Hoffnung gerät in Gefahr, in Entmutigung verwandelt zu werden. Es wird Ausdauer verlangt – doch die Liebe erträgt das alles. Sie hört niemals auf.

Die Erinnerung an jene qualvollen Wochen, als es immer klarer wurde, daß es mit Weihnachten in Quito tatsächlich nichts werden würde, steht noch recht lebendig vor mir. Menschlich gesehen hätte Jim einiges ändern können, um unsere Pläne doch zu verwirklichen. Er unternahm nicht alles, was ihm möglich gewesen wäre, damit wir zusammenkommen konnten. Meine Zweifel waren, menschlich gesehen, also ganz berechtigt. Aber aus dem heutigen Abstand heraus kann ich ebenso klar erkennen, daß ich Jims Beziehung zu Gott mehr hätte vertrauen sollen. Jim, obwohl Mensch mit menschlichen Begrenzungen, kämpfte hart darum, Gott gegenüber gehorsam zu sein. Er suchte keinen eigenen Weg. Dieses Wissen hätte mich zur Ruhe bringen sollen. Manchmal gelang mir das, oft aber auch nicht. Jim engagierte sich für Pete, für Dr. Tidmarsh und für die Indianer. Seine Pläne, sich mit mir zu treffen, kamen erst viel weiter unten auf der Prioritätenliste. Das hätte mir Beweis genug dafür sein müssen, daß sein Herz da war, wo es hingehörte, und daß, selbst wenn ich den Eindruck hatte, ich könnte Jim nicht restlos vertrauen, wenn es um unsere persönlichen Pläne ging, Gott aber mein ganzes Vertrauen verdiente.

Wir sind immer von der Liebe Gottes umgeben und nie ganz und gar auf die Gnade anderer Menschen angewiesen – sie sind immer nur »Zweitursachen«. Es ist völlig gleichgültig, wieviel zweit-, dritt-, oder fünftrangige Dinge eine Rolle zu spielen scheinen bei dem, was mit uns geschieht – es ist doch Gott, der den Oberbefehl behält. Er hat die Schlüssel zu allem in der Hand. Er läßt uns unser Geschick letztlich zufallen. Ihm vertrauen bedeutet dann auch, daß ich manche Entscheidungen anderen überlassen muß. Ich muß lernen, auf die Kontrolle, die ich über jemand anderen ausüben möchte, zu verzichten, wenn die Entscheidung Sache des anderen ist. Ich muß der Versuchung widerstehen, ihn manipulieren zu wollen, ihn anzustacheln und zu quälen, bis er kapituliert. Ich muß Gott im anderen vertrauen und Gott zutrauen, daß er die Dinge für uns beide besser gestaltet, als ich es mir je ausdenken könnte.

Liebesbriefe

Als ich den nächsten Brief bekam, wunderte ich mich, daß ich je hatte denken können, es mache Jim nichts aus, ob wir zusammen waren oder nicht. Er konnte deswegen kaum noch schlafen:

> »Manchmal liege ich nachts wach und denke daran, wie es sein wird, wenn wir wieder miteinander allein sind. Andere Nächte sind mit wilden Träumen erfüllt, in denen alles vorkommt, von Umarmungen bis zu Auseinandersetzungen. Wieder andere, wie gestern zum Beispiel, sind ruhig und schön bis 4.30 Uhr morgens. Leise Hoffnungen und Ansätze von Plänen tauchen auf, die irgendwo in den Winkeln des Geistes brüten und ihn wieder zerrütten. Gesprächsfetzen, kleine Begebenheiten huschen vorüber, und dann ist da plötzlich der verrückte Wunsch, daß endlich ein Klingelzeichen ertönen und der Sache ein Ende machen möchte. Die ›Krankheit hingehaltener Hoffnungen‹, das innere Schreien: ›Wie lange noch?‹ packt mich. Manchmal erscheint es mir unmöglich, Dich eines Tages in der Gegenwart anderer Menschen zu sehen und zu sagen: ›Hallo, Betty‹. Ich habe das sichere Gefühl, daß meine Stimme brechen oder ich dann irgend etwas tun würde, das für uns beide peinlich wäre. Wahrscheinlich aber wird es wie immer sein: das Begrüßen, der flüchtige Blick in Deine Augen, der Händedruck und das oberflächliche Reden über Dinge, die in Wirklichkeit nicht von Belang sind. Nun, wenn der Herr mich bis dahin in der rechten inneren Haltung bewahrt, werde ich ihm vor allem sehr dankbar sein, denn offen gesagt, so wie jetzt ging es mir noch nie.«

Weihnachten kam und ging. Das neue Jahr brach an – 1953. Die Januarwochen dehnten sich endlos, bis schließlich, eines Abends spät, ein galloppierendes Pferd draußen zu hören war. Es klopfte an die Tür, und ein Mann händigte mir ein Telegramm aus. Jim wartete in Quito auf mich. In der Morgendämmerung war ich schon unterwegs, so schnell der Schlamm dem Pferd das Vorwärtskommen erlaubte. Es ging zuerst nach Santo Domingo de los Colorados. Der nächste Abend kam, und ich fand einen Bananentransporter, der mich mitnahm auf die zehnstündige zermürbende Fahrt nach Quito. Vor Anbruch der Dämmerung fuhren wir los. Es war, wie Jim vorausgesagt hatte: Die Begrüßung in der Gegenwart anderer, der flüchtige Blick... aber am Abend saßen wir allein am Kamin.

Auf diesen Augenblick hatte Jim fast fünf Jahre gewartet. Er nahm sich Zeit an diesem Abend, ließ die Situation ausreifen. Wir schauten ins Feuer, sprachen kurz über unseren Weg durch den Dschungel hierher – dann saßen wir schweigend. Als der rechte Augenblick da war, fragte er mich, ob ich ihn heiraten wolle. Darauf kam der erste Kuß, und mein Finger erhielt einen Ring. In seinem nächsten Brief – einige Wochen später, als die Anden schon wieder zwischen uns lagen – schrieb er:

> »Betty, ob ich Dir wohl jemals sagen kann, was es für mich bedeutet hat, als Du mich ›Liebling‹ nanntest? Und zu wissen, daß wir beide nun ganz und für immer zueinander gehören, einer dem anderen geschenkt zu seiner Freude und Verfügung, aneinander verkauft zum Besten des anderen. Diese absolute Freude und ihre Rechtsmäßigkeit sind etwas Unaussprechliches. Wie soll ich es nur in Worte fassen, was ich in Dankbarkeit gegenüber Gott empfinde, weil mir die Rechte und Verantwortlichkeiten Deiner Liebe zuteil werden? Und was soll ich Dir sagen? Ich weiß es nicht. Nur dies, mein Liebling, meine Betty, daß ich mich mit einer Liebe zu Dir hingezogen fühle, die ich niemals zum Ausdruck bringen kann. Ich bin an Dich gebunden mit einer Gewalt, die alle Zärtlichkeit und Macht, die mein Körper auf irgendeinem Gipfel der Sanftheit oder Kraft zeigen könnte, übersteigt. Ich liebe Dich. Einst bedeutete das: ›Ich vertraue Dir‹, und ›ich schätze und bewundere Dich‹. Heute bedeutet es, daß ich irgendwie ein Teil von Dir geworden bin, in Dir bin, mit Dir lebe.«

Schwere Regengüsse in den Bergen verursachten eine Lawine, die die Straße von Quito nach Santa Domingo sperrte. Als Folge bekamen wir weder Kerosin für unsere Lampen noch die Hauptnahrungsmittel – und vor allem gab es keine Post. Schließlich traf ein Brief ein.

> »Es war heiß heute, und ich konnte mich kaum dazu aufraffen, zwei Betonpfeiler auszugießen. Es war ein hartes Stück Arbeit, und jetzt falle ich nur noch aufs Bett.

Doch zieht es mich noch lange nicht so dahin, als wenn Du hier wärst, Liebling. Wenn ich Dich hier haben könnte, und das tun, was ich schon so oft und lange geträumt habe... wenn ich die Haut Deiner wundervollen langen Beine fühlen und meine derben dagegen pressen könnte: welch ein Himmel öffnete sich da für mich! Was für eine Seligkeit würde das in diesen Abend bringen. Aber das alles wartet ja auf uns, und dann wird es ›vollkommen‹ sein, wie Du gesagt hast. Ich möchte Dich liebkosen, Betty, und Dir ins Ohr flüstern, daß ich Dich liebe, denn ich bin nun für immer

Dein leidenschaftlicher Jim.«

»22. März – Wie soll ich Dir sagen, Liebling, nach allen Komplimenten, die ich Dir bisher so sorglos gemacht habe, daß ich finde, daß Du ganz wundervoll gestaltet bist? Ich weiß, wenn die Zeit kommt, daß ich Dich sehen darf, werde ich mit Salomon sagen: ›Schön bist du, meine Freundin; ja, du bist schön‹. Mir genügt es zu wissen, daß mir das alles verheißen ist und ich nur auf den Augenblick warten muß, an dem Gott es enthüllt. Ahnst Du, wie mich das in Spannung versetzt?«

Dann schilderte Jim ein Gespräch mit einem ecuadorianischen Freund, der mit einem Mädchen geschlafen hatte, wobei es schwanger geworden war. Die Bereitwilligkeit des Mädchens hatte ihm vorgegaukelt, daß alles gut abliefe. Und nun hatten ihre Eltern ihn gezwungen, sie zu heiraten. »So kommen die meisten Ehen in unserem Lande zustande«, lautete der Kommentar des Freundes.

»Wie beraubt, wenn nicht sogar beschämt müssen sich die beiden unter diesen Umständen vorgekommen sein, als sie das erstemal nach ihrer Heirat zusammen schliefen. Möge Gott uns bis auf seine Zeit bewahren! Wie Juan eine solche Frau jemals achten soll, weiß ich wirklich nicht. Wie dankbar bin ich Gott, daß ich nicht an ›so eine‹ geraten bin.

Gelobt sei Gott, gelobt für Dich, meine Liebste. Du bist die Frau, die Gott für mich ausgesucht hat, und ich bin glücklich über seinen Plan.«

Jim hatte die Absicht, mich im Mai in San Miguel zu besuchen. In den letzten Apriltagen schrieb er:

»Die beiden nächsten Wochen werden mir lang werden, fürchte ich. Die Regenzeit hat eingesetzt, und wir müssen die meiste Zeit des Tages im Haus verbringen. Ich kann nicht stundenlang dasitzen und Redewendungen pauken, wie Pete das tut. Und ich werde wild wie ein Pferd, das zu lange im Stall gestanden hat, wenn ich so im Funkraum sitze und den Wald jenseits des Flusses in Augenschein nehme und nur den grauen, leeren Himmel sehe. Ich werde auf jeden Fall kommen, unabhängig davon, was Pete tut, oder ob es dem Lehrer paßt oder nicht, wenn er allein hierbleibt. Ich brauche Dich, Liebling, und ich brauche Dich bald.

Ich liebe Dich heute abend mit einer Kraft, die die Urgewalt ungeheurer, drängender innerer Hoffnung auf die Erfüllung unserer Liebe darstellt. Es ist nicht das stille Sehnen, das mich sonst erfüllte, sondern da sind erhobene Fäuste und der Ruf nach Besitzenwollen und der Wunsch, Dich mit beiden Armen an mich zu pressen. Das Herz scheint mir zu zerspringen und das Auge glüht vor Leidenschaft. Ein Lachen schüttelt mich, das den Magen zusammenzieht. Vielleicht kannst Du das nicht verstehen, und ich verlange es auch nicht von Dir. Das ist ja nur die eine Art, wie ich Dich liebe – und es hat mich gepackt jetzt beim Schreiben. Die Liebe ist nicht nur etwas, das in mir ruht. Sie bedeutet auch Spannung, Wagnis, den Ruf zu überwältigen und zu erobern... gute Nacht, meine tapfere Geliebte. Und mag Gott, der Dich mehr liebt als ich, Dich diese Nacht bewachen.«

Unser Gott, auf den wir hofften

Jim kam, wie geplant, nach San Miguel, schlief im Schulraum, besuchte mit mir die Indianer und predigte in einem kleinen Sonntagsgottesdienst für Spanisch sprechende Weiße, die auf unserer Rodung lebten.

Am letzten Abend standen wir auf der Veranda des knarrenden, alten, strohbedeckten Hauses, wo ich mit Dorothee lebte. Wir sahen den Nebel über den Weiden aufsteigen. Sie verschleierten die Umrisse der wenigen Kühe, des Pferdes und des schmutzigen weißen Ochsen, die dort grasten. Baumfrösche quakten, und gelegentlich hörte man ein Pfeifen von einem Nachtvogel. Winzige Lichtpünktchen von kleinen Öllampen blinkten aus den Häusern unserer Umgebung nacheinander auf. Hinter einer Reihe von Dschungelbäumen stieg der Mond auf. Der Nebel zerstreute sein Licht.

Wir sprachen über Pläne – daß wir eines Tages im östlichen Dschungel für uns ein Haus bauen wollten. Wann würde das sein? Jim konnte es mir nicht sagen. Noch hatten wir keinen Hochzeitstermin festgesetzt. Jim war damit beschäftigt, Häuser für die Familien von zwei anderen Missionaren zu bauen. Das verstimmte mich etwas. Mußten immer die anderen zuerst kommen? Laut konnte ich das nicht sagen. Für Nachfolger Jesu war die Antwort klar.

Ein paar Wochen später schrieb er:

> »An den Abenden, an denen wir zum Talac-Fluß zum Baden gehen, schaue ich die ganze Zeit in Überlegungen und Träumen nur nach dem Hügel hinüber, auf dem ich für uns ein Haus bauen möchte. Meine Gebete drehen sich weithin um Dich. Die Heirat ist inzwischen zu einer Frage von Stunden geworden, und ich sehne mich so sehr danach, daß ich buchstäblich jedesmal irgend etwas Katastrophales erwarte, wenn ich eine Zeitlang von Pete getrennt bin, oder wenn Ed in den Funkraum kommt.«

Im nächsten Brief stand:

> »Inbrünstig bete ich in diesen Tagen darum, daß Gott den Tag bald herbeibringen möchte, an dem wir unsere Liebe bis in die Kleinigkeiten des Alltages hinein ausleben können. Es braucht ja nicht unbedingt eine Katastrophe zu passieren, um uns zusammenzubringen. Vielleicht ist es auch nur ein Hürdenlauf über die Dinge, die noch zwischen uns und der Hochzeit stehen. Ich kann Dir heute voller Freude sagen, daß eines dieser Hindernisse, nämlich die Frage nach der Wohnung, inzwischen beseitigt ist. Ich habe den Eindruck, daß wir in allen Dingen ›grünes Licht‹ haben, und wir wollen uns nun auch daran machen.«

Ende Juni überließ ich meine Arbeit an der Colorado-Sprache zwei englischen Frauen in San Miguel und begab mich nach Dos Rios, einer Station, die etwa sechs Stunden Fußmarsch von Shandia entfernt war. Damit wollte ich Jims Bedingung für die Heirat mit mir erfüllen: die Quichua-Sprache zu lernen. Der Pilot hatte eingeplant, daß wir auf dem Weg nach Dos Rios in Shandia zwischenlanden würden, damit ich Jim und die Station sehen könnte. Doch das Wetter schlug um, und er wollte kein Risiko eingehen. Jim schrieb:

> »Daß ich sehen mußte, wie Du über meinen Kopf dahinflogst, war fast zuviel für mich. Ich bin nicht bitter, aber doch enttäuscht. Ich mußte mir den Aufblick auf Gott wieder neu erkämpfen, um meinen Weg zu einem kranken Christen fortzusetzen, nachdem Du aus meinen Augen entschwunden warst. Ich sagte meinem himmlischen Vater, daß ich ja wüßte, daß er etwas Besseres im Sinn hätte ... Für Deine Ankunft hatte ich Eiskrem aus Bananen und Ananas hergerichtet. Nachdem Dein Flugzeug nicht mehr zu sehen war, aßen wir es selber auf.« (Jim und Pete besaßen einen kleinen Kerosin-Kühlschrank.)

Durch indianische Träger gingen die Briefe hin und her zwischen Shandia und Dos Rios. Im Juli kam Jim über den Dschungelpfad nach Dos Rios. Ich schaute gerade aus dem Fenster, als ich den Ruf hörte: »Chimba-chiwapai!« (Hol mich über den Fluß!) Ich sah Jim oben auf der Klippe über dem Mishahualli-Fluß stehen. Als ich das Ufer erreichte, brachte der Mann mit dem Kanu ihn bereits herüber.

Wir mußten uns schon etwas einfallen lassen, um an jenem Wochenende einige Zeit für uns allein herauszuschlagen, ohne bei den Quichua-Indianern Anstoß zu erregen. Sie kannten solche Zeiten des Werbens um einen Partner überhaupt nicht. Ehen wurden bei ihnen durch Mittelsmänner geschlossen, und Braut und Bräutigam sprachen erst nach der Hochzeit miteinander. Es wäre für sie ganz unmöglich gewesen zu glauben, daß wir uns allein begegnen und miteinander reden konnten ohne sexuelle Betätigung. An einem Nachmittag ging ich einen Pfad hinunter zu einem sandigen Strand des Mishahualli, während Jim einen Pfad flußaufwärts wählte und sich dann im Wasser etwa einen halben Kilometer mit der Strömung treiben ließ, um mich zu treffen. Abends, lange nachdem die Indianer sich schlafen gelegt hatten (sie gingen buchstäblich mit den Hühnern ins Bett), traten wir hinaus auf die mondbeschienenen Wiesen. Hohes Weidengras und Orangenhaine boten Schutz gegen die Sicht vom Haus her. Dort konnten wir stehen, uns in die Arme schließen und miteinander reden. Zuletzt kamen wir auf die Frage des Hochzeitstermins. Jim fragte, wie ich November oder Januar fände, wobei er das abhängig machte von Petes Reaktion, meinen Kenntnissen in Quichua und einer Gelegenheit für sich selbst, vorher wenigstens noch einen Treck in andere von den Quichuas besiedelte Gebiete zu machen. Ein paar Wochen später kam es dann aber zu der »Katastrophe«, die Jim schon halb vorausgesehen hatte: Der Atun Yacu, der »Große Fluß«, auf dessen hohen felsigen Klippen die Shandia-Station stand, führte im August Hochwasser, spülte in einer einzigen Nacht die gesamte Missionsstraße weg und riß auch einige hundert Meter der Behelfslandepiste fort. Das überzeugte Jim, Pete und Ed McCully (den kürzlich aus Wisconsin eingetroffenen neuen Mitarbeiter) davon, daß Gott andere Pläne mit uns hatte. Sie unternahmen einen dreiwöchigen Treck in den Süden des Quichua-Gebietes, fanden einen Platz, der dringend eine Schule und eine Missionsstation brauchte, und kamen darin überein, daß Jim und ich dort die Arbeit tun sollten.

Wir heirateten in Quito am 8. Oktober 1953. Die McCullys und die Tidmarshes waren unsere Trauzeugen. Andere kamen an den Flughafen, um uns zu verabschieden und den traditionellen Reis über uns zu streuen.

Im Hotel »El Panama«, von dem aus man die pazifische Küste Panamas überblickte, klingelte kurz nach unserer Ankunft das Telefon. Ich nahm den Hörer ab. »Mrs. Elliot?« fragte eine höfliche Stimme. Ich war wie betäubt. Mrs. Elliot! Die Frage kam aus der Rezeption. Man wollte wissen, ob in unserem Zimmer alles zu unserer Zufriedenheit geregelt sei. Wir gingen zum Dinner hinunter. Als wir uns gemütlich dem Kaffee und dem Nachtisch widmeten, die luxuriöse Atmosphäre des Hotels auskosteten und uns an der Musik einer Tanzkapelle erfreuten, schaute mich Jim über die Kerzen hinweg an.

»Ich kann es kaum glauben, daß wir ein Bett haben, das auf uns wartet!« sagte er.

Der Bibelvers, der uns an diesem Tag in der Bibellese begegnete, stand in Jesaja 25,9: »Siehe, das ist unser Gott, auf den wir hofften...«

Es war das Warten wert gewesen, unaussprechlich wert.

Von der Liebe zur Güte

Dieses Buch möchte ich nicht mit dem Hochzeitstag abschließen. Das Lernen des Umgangs mit Leidenschaft und Keuschheit enden nicht mit diesem Tag. Jim und ich hatten gelernt, daß Reinheit vor der Ehe bedeutete, daß wir im Gehorsam gegenüber Gott Abstand voneinander hielten. Reinheit nach der Ehe hieß, uns einander zu schenken und füreinander da zu sein – ebenfalls im Gehorsam gegenüber Gott. Leidenschaft, ob es sich nun um diejenige handelt, bei der sich ein Mensch nach einem anderen sehnt, den er zur Zeit nicht haben kann, oder um diejenige, bei der einer durch Gottes Güte das Bett mit einem anderen teilen darf, muß in Schranken gehalten werden. Das grundlegende Prinzip dabei ist die Liebe, nicht die Erotik oder das Vorhandensein seelischer oder sexueller Gefühle. Es ist der Weg der Güte. Vielleicht ist dieses alte Wort der beste Ausdruck dafür. Der Begriff »Liebe« wird leider viel zu oft sinnentstellend gebraucht und damit abgewertet.

Ich kenne einen jungen Mann – ich will ihn Philipp nennen – der eine regelrechte Karriere in Liebesbeziehungen gemacht hat. Er ist ein sehr attraktiver Mann und scheint keine Schwierigkeiten zu haben, immer neue Freundinnen zu finden. Einmal schrieb er mir und berichtete, daß es wieder soweit gekommen sei: Er hätte die Liebe zu seiner letzten Freundin – wir wollen sie Gaby nennen – verloren. »So ein Mist!« sagte er. »Jetzt dachte ich, ich hätte endlich das Mädchen meiner Träume gefunden, aber es hat nicht geklappt. Ich konnte meine Gefühle für sie einfach nicht aufrechterhalten.«

Darauf antwortete ich folgendes:

> »Die Menschen verlieben sich ineinander, und dann kühlt sich das Interesse wieder ab, und man läßt den anderen fallen. Jeder macht es heute so, das wissen Sie. Manchmal lassen die Gefühle

schon vor der Hochzeit nach, aber in jedem Fall nach der Eheschließung. Moderne Menschen steigen dann einfach aus der Ehe aus, falls sie sich nicht verpflichtet fühlen, ein Gelübde zu halten – dummerweise ausgesprochene Gelübde, wie sie denken.

Es gibt einiges dazu zu sagen, wie man eine Wahl verantwortlich treffen und daran festhalten kann. C. S. Lewis schreibt in ›Pardon, ich bin Christ‹[10]: ›Verliebtsein ist etwas Köstliches, aber es ist nicht das höchste menschliche Gefühl. Es gibt viele Dinge, die minderwertiger, aber auch solche, die höherwertig sind. Auf den Zustand des Verliebtseins kann man nicht sein ganzes Leben aufbauen. Es ist ein großartiges Gefühl, aber eben nur ein Gefühl. Ein Gefühl ist nichts Verläßliches, und man kann nicht einmal mit absoluter Sicherheit damit rechnen, daß es immer gleich intensiv bleibt, oder auch nur, daß es überhaupt Bestand hat... In der Realität unseres Lebens ist der Zustand, den wir mit Verliebtsein bezeichnen, gewöhnlich nicht von Bestand... Natürlich braucht das Ende des Verliebtseins noch lange nicht das Ende der Liebe zu bedeuten. Liebe... ist ein tiefes Einssein, das durch den Willen garantiert und durch die Gewohnheit bewußt gefördert wird. In der christlichen Ehe wird sie durch die Gnade vertieft, um die beide Ehepartner Gott bitten und die sie von ihm empfangen... Ein Paar kann an dieser Liebe selbst dann noch festhalten, wenn es ihm ein leichtes wäre, sich gehenzulassen und in einen Dritten zu verlieben. Sein Verliebtsein veranlaßte das Paar, sich gegenseitig ewige Treue zu geben; ihre stillgewordene Liebe befähigt sie, das Versprechen einzuhalten. Der Motor der Ehe läuft mit dieser stillen Liebe. Das Verliebtsein war die Kurbel, die den Motor angeworfen hat.‹

So, mein lieber Philipp, eines Tages brauchen Sie einen kühlen, klaren Blick für eine gute christliche Frau. Schätzen Sie ihre Fähigkeiten als christliche Ehefrau ein. Ist sie der Typ, den Sie sich als Gastgeberin an Ihrem Tisch wünschen? Ist sie die Frau, die sie sich als Mutter für Ihre Kinder wünschen? Ist sie weiblich, gläubig, vernünftig, bescheiden, partnerschaftsfähig? Glauben Sie, daß sie Ihrer Liebe wert ist? Sind Sie der Ihren wert? (Wenn Sie davon überzeugt sind, liegen Sie wahrscheinlich falsch. Einer achte den anderen höher als sich selbst). Ist es von Gott her der richtige Zeitpunkt für Sie zu heiraten? Dann fassen Sie Ihren Entschluß und bitten Gott um Hilfe, diese Frau so lieben zu können, wie sie geliebt werden sollte.

Sie sagten: ›Man weiß nie, welchen Weg Gott einen führen will‹, und das ist wahr. Es könnte auch sein, daß er Ihnen sagt: ›Seid nicht wie Rosse und Maultiere, die ohne Verstand sind...‹ (Ps 32,9), weil er Ihnen diese Frau schon lange zugedacht hat.

Verstehen Sie mich bitte nicht falsch. Ich habe keine Ahnung, ob Gaby die richtige Frau ist. Ich weiß nichts von ihr, außer, daß sie Ihrer Ansicht nach blendend aussieht. Das reicht nicht aus. Auch wenn Sie auf Gefühle warten, die tagaus tagein beständig bleiben, dann können Sie die Sache vergessen. Die Art von Liebe, die eine Ehe lang dauert, wird von Gott geschenkt, aber sie ist auch eine *tägliche Entscheidung*. Für den Rest Ihres Lebens! Vergessen Sie das nie!

Sie müssen die Frau mit allem Verstand und aller Einsicht in Abhängigkeit von Gott auswählen und dann entsprechend auf sie zugehen. Meine Gebete werden Sie begleiten.«

Was genau ist eigentlich diese »stille Liebe« von der Lewis spricht? Man kann sie nicht mit Leidenschaft gleichsetzen, aber sie steht auch nicht im Gegensatz zur Leidenschaft, solange diese sich an bestimmte Grenzen hält. Sie schließt Leidenschaft ein und zügelt sie gleichzeitig. Wenn ein unverheirateter Mann leidenschaftliche Gefühle hat, setzt ihm seine Liebe zu Gott (und zum Objekt seiner Leidenschaft) Grenzen. Wenn ein verheirateter Mann leidenschaftliche Gefühle hat und entdeckt, daß seine Frau diese Gefühle nicht teilt, wird die »stille Liebe« seiner Leidenschaft Grenzen setzen – um ihretwillen und um Gottes willen. Genauso kann es passieren, daß eine Frau voll Leidenschaft ist und ihr Gatte nicht. Die »stille Liebe« läßt sie warten. Die Frage ehelicher Rechte bezieht sich für Christen immer auf das Recht des anderen, nie auf das eigene.

»Der Mann leiste der Frau, was er ihr schuldig ist, desgleichen die Frau dem Mann. Die Frau verfügt nicht über ihren Leib, sondern der Mann. Ebenso verfügt der Mann nicht über seinen Leib, sondern die Frau« (1. Kor 7,3-4).

Welche schreckliche Verwirrung ergibt sich, wenn diese Bibelstelle so gelesen wird: »Der Mann muß von seiner Frau fordern, was sie ihm schuldig ist. Und die Frau muß von ihrem Mann verlangen, ›was ihr zusteht‹. Die Frau muß den Körper ihres Mannes beanspruchen und der Mann muß den Körper seiner Frau fordern.« Nichts könnte dem Geist wahrer Güte ferner sein. Die Liebe, die Güte ist, gibt sich immer selbst hin und sagt: »Ich gewähre dir deine Recht. Ich bestehe nicht auf meinen. Ich schenke dir mich selbst und verlange nicht von dir, daß du dich mir völlig hingibst.«

Diese Selbstlosigkeit ist von wesentlicher Bedeutung, wenn Ehepartner das Gebot der Liebe und Unterordnung erfüllen wollen. Anders geht es einfach nicht. Es ist die Bestimmung des Mannes, die Autorität als Haupt auszuüben, wie Christus es gezeigt hat, als er sein eigenes Leben hingab für uns, die wir sein Leib sind. Das ist selbstlose Liebe. Der Mann darf den Gehorsam der Frau niemals fordern. Christus ist das Haupt der Gemeinde. Er liebt sie, wirbt um sie, ruft sie zu sich und opfert sich für sie. Er zwingt seinen Willen niemandem auf. Die seinen Willen nicht tun wollen, dürfen darüber selbst entscheiden. Es ist allerdings gleichzeitig eine schreckliche Wahl, die unvermeidliche Konsequenzen nach sich zieht.

Und es ist nicht Sache der Frau, von ihrem Mann zu fordern, daß er sie liebt, wie Christus die Gemeinde liebt. Ihre Aufgabe ist es, sich auf eine solche Weise unterzuordnen (d.h. fröhlich, freiwillig, von ganzem Herzen), daß es ihm leichter fällt, sie so zu lieben, wie es dem Willen Gottes entspricht. 1. Petrus 3 ist das entscheidende Kapitel zu diesem Thema.

Diese »stille Liebe« fand auch einen Ausdruck im Brief einer jungen Frau, die frisch verlobt war:

> »Ich verstehe nicht viel von den gesellschaftlichen Normen und Formen von Partnerschaft und Ehe. Für mich hat nur Sinn, was Gott vom Anfang her so deutlich gezeigt hat. Er machte die Frau für den Mann, und vor diesem Hintergrund erscheint mir dic Vorstellung von einem »Halbe-Halbe« der Hingabe, von der heute geredet wird, nicht angemessen. Ich wünsche mir die Einfachheit und Reinheit dieser Perspektive: Wenn ich mich einem Mann in der Ehe hingebe, dann gebe ich ihm in Liebe alles, was ich habe, ohne irgendwelche Ansprüche an die Erfüllung meiner eigenen Wünsche. Ich bin mir meiner menschlichen Schwächen und meiner Sündhaftigkeit durchaus bewußt. Ich weiß, daß Wünsche in mir auftauchen werden, daß ich bei manchen Gelegenheiten auch selbstsüchtig, ruhelos und unbefriedigt sein werde, doch mein Ziel soll es bleiben, den höheren Weg zu gehen, für den ich den Gehorsam hatte.«

Eine andere Frau, die zwölf Jahre verheiratet ist, erzählte mir aus ihren Erfahrungen, was Selbstaufgabe für sie bedeutete. Ihr Ehemann, ein Arzt, hatte durch eine Reihe von beruflichen Veränderungen immer wieder in verschiedenen Städten gearbeitet. Das hatte jedesmal einen großen Umzug mit allen Konsequenzen für die ganze Familie bedeutet. Als Margaret entdeckte, daß ihr Mann wieder einmal davorstand, den Arbeitsplatz zu wechseln, schrieb sie mir:

»Ich habe zu Gott und zu Peter gesagt: ›Hör mir zu: Ich kann dir nicht länger die Bestimmung über mein Leben anvertrauen. Ich glaube, mir fiele an deiner Stelle etwas Besseres ein. Ich bin nicht in der Lage, auch nur noch ein einziges Mal ein Bild von der Wand zu nehmen oder die Schlüssel unseres Hauses jemand anderes zu übergeben. Ich weigere mich, weiterhin wie eine Verrückte von einem Ort zum anderen zu ziehen.‹ So etwa lautete mein Widerspruch. In einem offenen Gespräch sagte Peter dann: ›Ich kann mich nicht länger mir dir über diesen Punkt streiten. Ich werde einen Brief schreiben und die Sache ablehnen.‹ Plötzlich sah ich das Gespenst unserer Zukunft vor mir. Wenn ich darauf beharrte, meinen Willen durchzusetzen, schob ich Gottes und Peters Autorität in meinem Leben beiseite – damit würden aber auch Freude und Liebe sterben, die mir doch das Wertvollste im Leben waren.

Von Anfang an hatte ich Gott gebeten, mich zu führen. Und er hatte mir so manches aufschlußreiche Wort ins Gedächtnis gerufen. Jetzt war ich bereit zu sagen: ›Es tut mir leid, ich gebe meinen Widerstand auf. Ich möchte, daß du diese Entscheidung frei triffst, Peter. Und ich selbst möchte Gottes Willen tun – und ich kann es auch.‹ Damit gehörte mein Leben wieder ganz eindeutig Christus und nicht mehr mir. Ich las damals C. S. Lewis' Buch ›Die große Entscheidung‹, das ganz gut in die Situation paßte. Und ein guter Freund hatte zu Peter und mir gesagt: ›Wenn du, Peter, bereit bist, auch mit einer weniger interessanten Beschäftigung zufrieden zu sein, und du, Margaret, bereit bist, den Rest deines Lebens wie Abraham durch die weite Welt zu wandern, dann wird Gott euch ganz klarmachen, was er von euch erwartet.‹ Seine Aussage, daß ich willig zum Gehen sein müßte, auch ohne die Sicherheit, zurückzukehren, daß ich den Ausgang der Sache Gott überlassen müßte, war genau das, was ich brauchte. Der Vers, der uns in besonderer Weise galt, steht in Galater 2,20: ›Ich bin mit Christus gekreuzigt. Ich lebe, doch nun nicht ich, sondern Christus lebt in mir. Denn was ich jetzt lebe im Fleisch, das lebe ich im Glauben an den Sohn Gottes, der mich geliebt hat und sich selbst für mich dahingegeben.‹

Das ganze Thema des Tausches wurde für uns beide von da an zum beliebtesten Gesprächsstoff.«

Das ist Liebe, die aus der Güte lebt. In ganz realistischem, alltäglichem, sichtbarem und willigem Gehorsam. Eine stille Liebe, aber eine dauerhafte, ja eine ewige Liebe. Sie bedeutet Freundlichkeit und Achtung voreinander. Sie ist etwas Altmodisches, aber sie schließt menschliche Güte und schlichten, bescheidenen Respekt für die andere Person ein, die nach dem Ebenbild Gottes gestaltet ist.

Denken Sie einmal daran zurück, wie Sie Ihren Partner sahen, als Sie verliebt waren. Sie entdeckten nicht den geringsten Fehler an ihm. »Du bist wunderbar schön, meine Freundin, und kein Makel ist an dir«, sagt Salomon zu seiner Geliebten. Ist es Blindheit, einen sündigen Mann oder eine sündige Frau so zu sehen? Ich denke, daß es die besondere Gabe einer Vision ist, die Macht, einen Menschen eine kleine Weile lang zu sehen, wie Gott ihn sich gedacht hatte, als er diesen Menschen machte. Später entdeckten Sie, daß dieser Menschen tatsächlich ein Sünder ist und »Makel« hat, die Sie niemals erwarteten. Versuchen Sie einmal, sich an jene erste Vision zu erinnern. Danken Sie Gott für diese Vision und behandeln Sie Ihren Partner mit der Achtung, die einem Menschen gebührt, der eines Tages auf wunderbare Weise das Ebenbild Gottes offenbaren wird.

Güte ist Liebe, die Gott schenkt. Es gibt keinen anderen Weg, die Leidenschaft unter Kontrolle zu halten. Es gibt keinen anderen Weg zur Reinheit. Und letztlich gibt es auch keinen anderen Weg zur Freude.

»Bleibt in meiner Liebe«, sagt Jesus seinen Jüngern und formuliert es sehr klar: »Wenn ihr meine Gebote haltet, so bleibt ihr in meiner Liebe, wie ich meines Vaters Gebote halte und bleibe in seiner Liebe« (Joh 15,9-10).

Eine neue Schöpfung

»Bei mir ist da alles zu spät«, werden manche Leser sagen. »Dieser Maßstab ist viel zu hoch. Für mich gibt es keine Möglichkeit mehr, die Scherben wieder zusammenzusetzen.«

Machen unsere Übertretungen uns unfähig, noch als Christen zu leben? Ganz im Gegenteil. Jesus kam vor allem für uns, die wir Fehler gemacht haben in die Welt, nicht für die, die keine Umkehr nötig haben. »Aber er ist um unserer Missetat willen verwundet und um unserer Sünde willen zerschlagen« (Jes 53,5).

Wenn die Sexualität als Bild für die Beziehung des himmlischen Bräutigams zu seiner reinen und fleckenlosen Braut gebraucht wird, wie sollen wir, die wir unrein und sehr befleckt sind, wieder von neuem anfangen können? »Oder wißt ihr nicht, daß die Ungerechten das Reich Gottes nicht ererben werden? Laßt euch nicht irreführen! Weder Unzüchtige noch Götzendiener, Ehebrecher, Lustknaben, Knabenschänder, Diebe, Geizige, Trunkenbolde, Lästerer oder Räuber werden das Reich Gottes ererben«, schrieb Paulus an die korinthischen Christen. Das klingt, als ob da für keinen von uns noch eine große Chance bestünde. Aber dann sagt er weiter: »Und solche sind einige von euch gewesen. Aber ihr seid reingewaschen, ihr seid geheiligt, ihr seid gerecht geworden durch den Namen des Herrn Jesus Christus und durch den Geist unseres Gottes« (1. Kor 6,9-11).

Im nächsten Brief schreibt Paulus: »Denn die Liebe Christi drängt uns, zumal wir überzeugt sind, daß, wenn einer für alle gestorben ist, so sind sie alle gestorben. Und er ist darum für alle gestorben, damit, die da leben, hinfort nicht sich selbst leben, sondern dem, der für sie gestorben und auferstanden ist« (2. Kor 5,14-15).

Das lehrt uns, daß es da einen Ausweg gibt. Was wir einmal waren, und was wir in Christus sind, ist scharf unterschieden. Hören Sie auf, für sich selbst zu leben, jetzt, heute, und leben Sie für Christus!

»Darum kennen wir von nun an niemanden mehr nach dem Fleisch; und wenn wir Christus gekannt haben nach dem Fleisch, so kennen wir ihn doch jetzt so nicht mehr. Darum: Ist jemand in Christus, so ist er eine neue Kreatur; das Alte ist vergangen, siehe, Neues ist geworden« (2. Kor 5,16-17).

Ein Freund erzählte mir die Geschichte eines alten schottischen Predigers, der einst beim Abendmahl Brot und Wein austeilte. Da bemerkte er ein junges Mädchen, das schluchzend an der Schranke vor dem Abendmahlstisch stand. Als er ihr das Brot reichte, das sichtbare Zeichen des Leibes Jesu (»Das ist mein Leib für euch«, sprach er) wandte das Mädchen das Gesicht ab – es war naß von Tränen.

»Nimm es, Kleine«, sagte der alte Mann, »es ist für Sünder.«

Bibliographie

1 Aus: Robert Service, *The Complete Poems of Robert Service* (New York: Dodd, Mead and Company, 1940), S. 30-31
2 Lilias Trotter, *Parables of the Cross* (London: Marshall Brothers)
3 S. D. Gordon, *Quiet Talks on Prayer* (Grand Rapids: Baker Book House, 1980), S. 155
4 Oswald Chambers, *Mein Äußerstes für sein Höchstes* (Bern: Berchtold Haller Verlag, 1950)
5 Christina Rossetti, *A Sonnet of Sonnets, Nr. 6*
6 Edith Colgate Salabury, *Susy and Mark Twain* (New York: Harper and Row, 1965), S. 249-250
7 William Wilberforce, *Real Christianity* (Portland, Oregon: Multnomah Press, 1982), S. 123
8 Sara Teasdale, »Night Song at Amalfi« aus *Love Songs* (New York: Macmillan and Company, 1917)
9 C. S. Lewis, »Wir haben kein Recht auf Glück« aus *Gott auf der Anklagebank* (Basel: Brunnen Verlag, 1981), S. 118-119
10 C. S. Lewis, *Pardon, ich bin Christ* (Basel: Brunnen Verlag, 1977), S. 89-90

Gerhard Naujokat
Drum prüfe, wer sich ewig bindet
Pb., 140 S., Nr. 71.277, DM 14,80
ISBN 3-7751-1115-8

Dieses Buch eines engagierten Eheberaters dient der Vorbereitung auf die Ehe – die vielen zerbrochenen Partnerschaften und Ehen belegen diese Notwendigkeit. Darum zeigt Naujokat anhand wichtiger Kriterien, daß es um Liebe gehen muß, die ernsthaft zu prüfen bereit ist.

C. und M. Shedd
Geistliche Partnerschaft in der Ehe
Tips und Anregungen
Pb., 80 S., Nr. 71.298, DM 12,80
ISBN 3-7751-1262-6

Alltagsprobleme, Zeitmangel, unterschiedliche Erlebnisbereiche von Mann und Frau bringen für Ehepaare oft die Gefahr des Auseinanderlebens. In diesem Buch finden Sie ganz praktische Tips und Anregungen, wie sich ein geistlicher Austausch verwirklichen läßt.

Margaret Johnson
Sie nannten es Liebe
Pb., 100 S., Nr. 56.581, DM 5,00
(unverbindliche Preisempfehlung)

Scheidung betrifft nie nur die beiden Partner. Auch ihre Familien werden von diesem einschneidenden Schritt berührt. Ein ehrlicher Bericht, wie ein Paar und seine Familien diese Situation durchleben.

Bitte fragen Sie in Ihrer Buchhandlung nach diesen Büchern!
Oder schreiben Sie an den Hänssler-Verlag, Postfach 12 20, D-7303 Neuhausen/Stuttgart.